家計簿と会社の会計

会社ライフサイクル会計

五十嵐邦正 著

森山書店

まえがき

　本書は現代の会計をコンパクトにまとめたものです。会計に関する書籍はこれまでたくさん出版されてきています。商工会議所簿記検定用のテキストや公認会計士・税理士試験対策用の本，大学生向けのテキスト，会社実務の解説本などさまざまです。みなさんは自己の用途に応じてその本を買い求めることになります。

　ところが，意外なことに現代会計の全体像を示す本はあまり見あたらないように思われます。学生のみなさんにとってはまだ就職したことがないわけですので，一口に会社の会計を勉強するといいましても，その全体像はあまりピントこないのではないでしょうか。また，経理に縁遠い部門におられる社会人の方もおられるでしょう。

　そこで，本書はまず身近な家計を取り上げながら解説していきます。そこにはすでに会社の会計と共通する重要事項が数多くあるからです。その意味で家計簿が重要な導入部となっています。ですから家計簿をつけますと，会計に関するいろいろな点を学ぶことができます。この家計簿を通じて家族みんなで一定期間ごとに家計の現状について話し合う機会をもてば，家計のやりくりに対するお互いの調整にも当然つながります。ぜひそれを実践しながら会計に関心をもって下さい。

次に個人事業者の会計を説明します。家計簿をうまく活用して資金を貯めた結果として脱サラする人もでてくるかもしれないからです。これによって個人事業者の会計のアウトラインをつかんでもらいます。面倒な簿記手続及び処理方法については触れません。

　次に中小会社の会計を取り上げます。ここでは個人事業者ではなくて，会社の会計について学びます。このなかで株式会社の会計に対する基本がわかります。

　その後，会社が順調に成長しますと，会社の規模が大きくなります。いよいよ会社の上場が話題になります。この上場会社の会計を取り上げます。ここでは経済関係のニュースにでてきますいろいろな会計問題についてくわしく学びます。具体例や図を多く用いて説明します。会社はいろいろな活動をしていくわけですから，この活動に即して会計の内容を整理しています。上場会社の会計を知るには特に金融商品取引法の会計，会社法における剰余金の配当及び税務上の課税所得計算の基礎知識が必要となります。

　会社の業績はいつも右肩上がりとはかぎりません。世界的金融不況，景気の低迷や業界の再編成などで会社の財務内容の改善を迫られる場合が少なくありません。そこで，会社の財務内容に関する改善方法をわかりやすく説明してあります。

　さらに，事情によっては会社の再生がぜひとも必要となるケースもでてきます。法的に頼らず会社を再生する方法と，どうしても法的に処理せざるをえない方法についても解説します。

　いろいろ努力しても会社の再生が思うようにうまくいかないときがあります。そのときには会社を清算したり，やむなく破産となることもあるかもしれません。その概要を説明します。

最後に，わが国への導入時期が問題となっています国際会計基準の概要についても触れてあります。

　本書を通じまして，家計をスタートとし，個人の事業者，中小会社から上場会社へと範囲を拡大し，会社の設立から清算までに至る会社の一生に関する会計のフレームワークを大まかにつかんでいただけるものと確信しております。サブタイトルに"会社ライフサイクル会計"と名づけたゆえんです。

　ハンディーですので，いつでもどこでも手元に置いてご利用いただきますと，経済ニュースの用語がひとりでにわかるようになります。経済関係の会話にもついていくことができます。ぜひ最後まで目を通して下さい。新しい会計の世界が開けてくるはずです。一人でも多くの人に会計に対する関心が高まり，理解が深まることを祈っております。

　本書の直接的な切っ掛けは，大学同期の仲間からの勧めによります。いつもながらの助言と温かい励ましに感謝する次第です。

　　平成 24 年 3 月

　　　　　　　　　　　　　　　　　　五十嵐　邦正

目　　次

Ⅰ　家　　計
① 家　計　簿 ………………………………………… 1
　（1）小遣帳と家計簿 ………………………………… 1
　（2）家計簿のメリット ……………………………… 2
② 財　産　目　録 …………………………………… 5

Ⅱ　個人事業の会計
① 個人事業の開始と一年間の営業活動 …………… 9
② 営業活動の結果 …………………………………10
　（1）損益計算書の作成 ………………………………10
　（2）貸借対照表の作成 ………………………………12
　（3）キャッシュ・フロー計算書の作成 ……………13

Ⅲ　株式会社の会計
① 会　社　の　設　立 ………………………………17
② 一年間における営業活動の内容 …………………18
③ 営業活動の結果 …………………………………18
　（1）現金の増加と減少 ………………………………18
　（2）商品の売上原価の計算 …………………………19
　（3）損　益　計　算 …………………………………19
④ 決算時点における追加的事項 ……………………20
　（1）帳簿記録の修正事項 ……………………………20
　（2）貸借対照表及び損益計算書の修正 ……………21

（3）商品数量に関する継続記録法と棚卸計算法 ……………22
　　（4）商品単価に関する先入先出法・平均法等 ……………23
　5　法人税等の計上と利益処分 ………………………………25

Ⅳ　上場会社の会計

　1　会　社　の　上　場 ………………………………………27
　　（1）会社上場のメリットと情報開示制度 ……………………27
　　（2）上　場　基　準 ……………………………………………28
　　（3）有価証券報告書の作成と会計監査制度 …………………28
　2　財務諸表の種類 …………………………………………30
　　（1）連結財務諸表と個別財務諸表 ……………………………30
　　（2）注　記　事　項 ……………………………………………31
　3　財務諸表の様式 …………………………………………32
　　（1）貸　借　対　照　表 …………………………………………32
　　（2）損　益　計　算　書 …………………………………………38
　　（3）キャッシュ・フロー計算書 ………………………………42
　4　資金の調達活動 …………………………………………44
　　（1）株　式　の　発　行 …………………………………………45
　　（2）社　債　の　発　行 …………………………………………47
　　（3）ストック・オプション ……………………………………49
　　（4）自　己　株　式 ………………………………………………50
　　（5）その他のタイプ ……………………………………………51

Ⅴ　さまざまな企業活動と会計

　1　製　品　の　生　産 ………………………………………53
　2　投　　　　　資 ……………………………………………55
　　（1）有　価　証　券 ………………………………………………55
　　（2）デリバティブ取引 …………………………………………57
　3　海　外　取　引 ……………………………………………62

vi　目　次

- (1) 外 貨 建 取 引 …………………………………… 62
- (2) 為替予約・通貨オプション ………………… 64

4 企 業 結 合 …………………………………………… 65
- (1) 買　　　　収 …………………………………… 65
- (2) 合　　　　併 …………………………………… 67

5 リ ー ス 取 引 ………………………………………… 68

6 会社のグループ化 …………………………………… 69
- (1) 子会社と関連会社 ……………………………… 70
- (2) 連結貸借対照表 ………………………………… 71
- (3) 連結損益計算書 ………………………………… 74
- (4) 包括利益の表示 ………………………………… 76

VI 会 社 の 決 算

1 決 算 の 必 要 性 …………………………………… 79

2 主 な 決 算 手 続 …………………………………… 80
- (1) 資産に関連する項目 …………………………… 80
- (2) 負 債 の 評 価 …………………………………… 89
- (3) 収 益 及 び 費 用 ……………………………… 93

VII 会 社 法 の 会 計

1 計 算 書 類 …………………………………………… 97

2 剰 余 金 の 配 当 …………………………………… 99
- (1) 株主資本の分類 ………………………………… 99
- (2) 剰 余 金 の 配 当 ……………………………… 104

VIII 会社の課税所得計算

1 確 定 決 算 主 義 …………………………………… 107

2 税 務 調 整 ………………………………………… 108

3 課税所得計算の特徴 ………………………………… 111

（1）資　　産	111
（2）引当金・準備金	115
（3）収　　益	115

Ⅸ　会社自身による会社再生

1　巨額損失の解消方法 … 117

（1）繰越利益剰余金との相殺 … 117
（2）任意積立金の取崩し … 119
（3）準備金の取崩し … 120
（4）減　　資 … 120

2　組織再編による会社の再生 … 121

（1）株　式　交　換 … 122
（2）株　式　移　転 … 123
（3）会　社　分　割 … 124

Ⅹ　利害関係者との調整による会社再生

1　事業再生 ADR … 127
2　中小企業再生支援協議会による会社再生 … 129
3　整理回収機構による会社再生 … 130
4　法的措置による会社再生 … 131

（1）民　事　再　生　法 … 131
（2）会　社　更　生　法 … 136

Ⅺ　会社の清算と破産

1　会　社　の　清　算 … 139
2　会　社　の　破　産 … 140

（1）破　産　の　原　因 … 140
（2）債務超過の判定方法 … 141
（3）破　産　手　続 … 142

XII 国際会計基準

1. 国際会計基準・国際財務報告基準の歩み ……… 145
2. 国際財務報告基準の概要 ………………………… 146
   (1) 国際財務報告基準の基本的立場 ……………… 146
   (2) 財務諸表の体系 ………………………………… 146
   (3) 主な財務諸表の様式 …………………………… 147

さくいん (153)

I 家　　計

1 家　計　簿

（1）小遣帳と家計簿

　皆さんは家計簿をつけたことがありますか。まだ大学生ですと，つけたことがないはずです。でもひょっとすると，自分の小遣帳を過去につけた人がいるかもしれません。

　私が福島大学に在職していた頃（1984年），ゼミに所属する学生の一人がなんと小学校からずっと小遣帳を記録し続けており，そこには学費も含めて記入しているとのことでした。その学生の話では3年生までに約400万円くらい支出しているとのことでした。この幼年期からのしっかりした金銭感覚には驚き感心しました。しかし，大半の人は一度はそれをつけたことがあっても長続きせずに，短期間でやめてしまうのが一般的ではないでしょうか。

　単に一人だけの場合には小遣帳をあえてつけなくとも，現金の収入源とその使途についてはある程度覚えているはずです。です

から，その記入をせずとも不都合は余り感じないでしょう。もちろん，お金の管理がルーズであったり，この管理がうまくできない人はそれでは済まされません。人から借りたり，それができないと安易にカード・ローンを利用してしまい，後からその返済が困難となってしまうこともよくあります。最悪のケースは自己破産に陥ってしまいます。

しかし，家庭をもちますと話は別です。社会人としての責任が一段と増しますので，お金の管理に対する甘さはけっして許されません。しっかりとした金銭感覚を身につけて社会生活を営む必要があります。その有力な手段の一つが家計簿です。この家計簿には通常，毎日の収入欄と支出欄とが1ヶ月ごとに設けられます。収入欄には例えば給料や臨時収入，支出欄には生活費，家賃，公共料金などがそれです。いま家計簿にはさまざまな方式があり，パソコンや携帯電話等と連動したインターネットによる入力方式もあります。

(2) 家計簿のメリット

この家計簿をつけると，どのような効果があるのでしょうか。ちょっと，この点を考えてみましょう。実はそのなかに会計にとって重要な機能がすでに含まれております。

① 毎日の収支記録によりその当時の生活実態が明らかになります。特に過去1年間や過去3年間と比較をすれば，生活がどのように変化したのか，また個々の生活用品の物価はどう変動したのかをつかむことができます。その当時の生活ぶりが手に取るようにわかります。これは家計の歴史的推移を知るうえで重要です。ただ，家計簿を何十年間も記録している

人のなかには単に記録するだけが目的になってしまいがちな場合も少なくないようです。

② 現金の収支は家計簿に給料明細や各種の領収書（レシート）に基づいて記入されますので，その記録には証拠力があります。つまり，裏付けのある証拠書類による記録なので，その信頼性があります。医療費が一定の金額を超えるときには，確定申告に際して税金の還付申請にも役立ちます。

③ 家計簿に記入する毎日または1ヶ月における現金の増加及び減少の結果として生じる帳簿上の現金残高と，実際に手元にある現金残高とを付き合わせれば，記録と事実とを照合できます。もし両者が一致しないときには，その原因を究明しなければなりません。記録に誤りがあったのか，それとも実際の現金をどこかで落としたり盗まれたかどうかが問題となります。これは現金の管理にとってきわめて不可欠です。

④ 家計簿をつけますと，1ヶ月または1年間の現金に関する収入合計と支出合計との間にバランスがとれているかどうかが，よくわかります。少なくとも家計において収支のバランスを図らなければなりません。収入超過となれば，家計簿をつけた成果ともいえましょう。

⑤ もし特定の月に支出額が収入額を上回ったり，あるいは年度末に1年間の支出総額が収入総額を上回っているときには，その改善方法を今後検討しておく必要があります。緊急の支出が生じたときのために，一定の現金を別管理したり，一時的なローンを利用することもあるでしょう。

　ただ，後者のケースでは返済方法と返済期間をしっかり検討しておきませんと，当初はすぐに返済するつもりであって

も，お金が計画通りに入ってこないときには，いつまで経ってもそのローンを返済できなくなる危険性もあります。ですから安易にローンに頼るのは禁物で，それを切っ掛けにその後に返済が困難となりがちで多重債務に陥らないことが大切です。そのためには，支出の内容をしっかり吟味し，各支出が本当に不可欠なのか，それを多少でも減額したり節約できないのかを検討することです。ここでは現金収支に関する管理手法が問題となります。これは家計簿のかなり積極的活用といえましょう。

⑥　さらに一段と管理面を強化し，マイカーやマイホームの購入に備えて現金残高を積極的に増やす手段に家計簿を用いることも考えられます。例えば自動車の予定購入価格はあらかじめわかっておりますので，その資金をためることが目標となります。

　具体的には，どの程度の期間でその資金をためられるかを予測し，その資金を自動車購入用の資金として積み立てておくことが一つの方法です。計画通り資金をためることができないことが途中で判明したときには，毎月ためる資金の額を増やしたり，もっと安い価格の自動車購入に変更するなどさらに検討しなければなりません。そこでは予定と実際との比較による差異分析が必要です。

このように整理してみますと，一口に家計簿といってもその機能は会計の理解に対する基本的な部分を相当程度カバーしているのです。この家計簿に相当するのが実は上場企業が作成するキャッシュ・フロー計算書です。

2 財 産 目 録

　さらに現金以外にもその範囲を拡大し，広く財産管理全般を重視するのが実は会計の重要な役割なのです。現金管理から広く財産管理への拡大について考えます。

　年末あるいは特定の日には単に現金だけでなく，家計全体の財産内容を確認することが望ましいでしょう。現金以外に複数の銀行預金口座があったり，テレビ，冷蔵庫，エアコン，家具などの主な耐久消費財を保有しているはずだからです。経過した年数によってそれらの修理または買い換えやその時期についてあらかじめ話し合う機会があるでしょう。すでに自動車またはマイホームをローンで購入しているかもしれません。株式や社債券等の有価証券に投資している人もいると思います。そうしますと，家計の財産全体を毎年定期的に確認することがとても大事になります。

　いま，それを次のページで例示してみましょう。

　家計にとってプラスの財産を資産といい，マイナスの財産を負債といいます。各資産の金額については，差しあたり資産を買ったときの価格，つまり取得価格で，負債は将来に返済しなければならない金額でそれぞれ計上します。このような財産の一覧表を財産目録といいます。一定時点に存在する財産を単に金額だけでなくその物的数量も含めて詳細に示したものです。資産と負債の差額を資本あるいは純資産といいます。

財産目録

(単位:万円)

資産:			負債:	
現金		15	カード・ローン (E社)	5
預金　A銀行 普通預金		35	マイカー・ローン (F社)	50
B銀行 普通預金		30	(10年後完済予定)	
B銀行 定期預金(2年後満期)		100	マイホーム・ローン (G銀行)	1,000
有価証券			(8ヶ月後返済予定)	
C社 株式 (1,000株)		80	負債合計	1,055
D社 社債券 (70口)		70	差額:純資産	2,499
耐久消費財				
家庭電化製品				
テレビ (2台)	12			
冷蔵庫	7			
洗濯機	5			
エアコン (2台)	10	34		
家具・什器 (5個)		40		
自動車 (1台)		150		
自宅 (マンション)		3,000		
資産合計		3,554	負債・純資産合計	3,554

　まずは、これがスタートです。でもご存じのように、耐久消費財・車・建物は使用年度が増すたびに劣化します。ですから、それらの使える予定期間にわたって発生する価値減少をあらかじめ考慮しておくことが必要です。これを減価償却といいます。この価格減少分を上記の金額からマイナスします。そうでないと、適切な資産の状況とはいえません。

　株式などの有価証券が値上がりしているのか値下がりしているかも当然関心がありますね。購入価格よりも時価が値上がりしている差額を含み益といい、逆に時価が購入価格よりも値下がりしている差額を含み損といいます。将来的に時価の変動がどうなるかを予測しながら、その投資し続けるかその株式を売却し別の株式や、よりリスクの低い安全な債券等に投資先を替えたり、場合

によっては投資自体をすべてやめたほうがいいのかに関する判断が必要です。

さらに，上記の負債のなかには含まれていないものがあります。例えば耐久消費財や建物に対して将来かかる修繕費や，今後増加が予想される子供の教育費も含めるのが合理的です。これらを含めるときには，その金額を見積計上します。会計上これを引当金といいます。それは第三者に対する法的な債務ではありませんが，家計全体が将来的にわたって負担すべき負債といえます。

このような減価償却費や将来の修繕費及び教育費を加味してはじめて家計の財務内容の実態がはっきりするのです。

ここで示した財産目録は，実は遺産相続時にも威力を発揮します。すべて相続財産と負債を記載し，しかもそこでは取得価格ではなくて，その時点の時価で財産を評価します。

例えば現金1,500万円を遺産相続したとします。上記のマイホームのローンの残高を一括返済しますと，500万円の資金が残ります。そこで，このお金を元手に脱サラしてトラックによる個人の運送業を開始することにしましょう。

Ⅱ 個人事業の会計

1 個人事業の開始と一年間の営業活動

　個人が運送業を開始したときの会計について取り上げます。ここでも家計簿で説明しました会計の役割が同様に当てはまります。ただ事業は利益の獲得を目的としますので，単に収支のバランスを図ればよいだけにとどまりません。一年間の営業活動の結果もうかったのかどうか，つまり損益の算定が特に重要となります。

　いま事業資金500万円を元手に運送業を開業したと仮定します。この元手としての資金を資本金といいます。この資金からトラック1台を300万円で購入し，それを6年間使用する予定です。

　×1年4月1日から×2年3月31日までの一年間の営業活動の結果は以下の通りとします。

① 1年間の営業活動により得られた運送収入額は1,000万円です。
② 180万円はすでに運送業務を完了しましたが，まだ代金を

受け取っていません。相手方にこの金額を請求できる権利があります。これを未収入金といいます。
③ 燃料代500万円，賃借料120万円，ガス・水道料・電気・広告宣伝費などの経費に対する支払総額は240万円でした。
④ 経費の未払額が期末にまだ10万円あります。
⑤ 銀行から150万円を借入れました。この利息は年利4％で，1年間の利息はすでに支払済みです。

2 営業活動の結果

そこで，営業活動を期末に総括してみましょう。

(1) 損益計算書の作成

最初に，営業活動により損益がどうなったかについて計算します。営業活動によって資産が増える原因を収益といいます。この例ではもちろん①の運送収入がこれに当たります。注意する必要があるのは，この収益にはすでに運送収入だけでなく，②のように将来に運送収入をもたらす未収入金も含まれる点です。なぜなら，すでに運送サービスを提供しているからです。期末時点にお金がまだ入ってこなくても，その分は収益とみなされます。したがって，一期間の収益合計は次のようになります。

収益：運送収入1,000万円 + 未収入金180万円 = 1,180万円

この収益を得るためにかかったコストが費用です。ここでは③及び④と，⑤のうちで利息の支払分がこれに該当します。④はまだお金を支払っておりませんが，すでにサービスの提供を受けて

いる以上，それを費用に含めます。

　費用：燃料代500万円＋賃借料120万円＋ガス等の支払額240万円＋経費の未払額10万円＋支払利息6万円（150万円の年4％）＝876万円

　このほかに，トラックを一年間使用したので，その減価償却費も計上しなければなりません。6年間使用予定で，それを除却するときにはポンコツになってしまっているはずです。そこでトラックの取得原価300万円を6年間にわたって均等額で計上しますと，減価償却費は毎年50万円となります。これも費用に加算すれば，費用の合計は926万円となります。

　その結果，収益総額1,180万円−費用総額926万円（876万円＋50万円）＝当期純利益254万円となります。これを示したのが，損益計算書です。なお，燃料代・賃借料・経費は主たる営業活動から生じた費用ですので，営業費用となります。支払利息は資金の借入れに伴う費用ですので，主たる営業活動以外で発生した財務費用です。そこで，それを営業外費用として示します。

損益計算書　　（単位：万円）
×1年4月1日より×2年3月31日まで

営業費用	920	営業収益	1,180
営業外費用	6		
当期純利益	254		
	1,180		1,180

2　営業活動の結果

(2) 貸借対照表の作成

　家計では期末に財産目録を作成しましたね。個人の会計ではそれに類似した貸借対照表を作成します。この貸借対照表では詳細な資産及び負債の一覧表に代えて，それを金額計算のみに限定して要約した資産負債とその差額（資本または純資産）を示します。そのほうが企業全体の財務内容を一目で概観できるからです。

　一年間の資産の変動は次の通りです。

　まず，現金は次のように変動しました。開業時の自己資金は500万円でしたが，車両（トラック）の購入で現金は300万円減少し残高は200万円でした。その後，運送収入1,000万円と借入金150万円で現金は1,150万円増加し，費用として燃料代等860万円と支払利息6万円の支払いで現金は866万円減少しました。その結果，期末の現金残高は484万円です。

　この現金以外の資産としては，まだ運送代金を受け取っていない未収入金180万円と，車両とがあります。この車両は一年間使用しましたので，減価償却費分（50万円）を控除した金額250万円が資産となります。これにより，資産総額は914万円（現金484万円＋未収入金180万円＋車両250万円）となります。

　一方，負債は借入金150万円とまだ払っていない経費10万円とで，合計160万円です。

　したがって，資産総額から負債総額を控除しますと，差額が754万円となります。これを純資産といいます。

　この期末の純資産754万円から開業時の純資産（資本金）500万円を差し引きますと，当期の損益が算定されます。ここでは当期純利益254万円となります。これを図示しますと次の通りです。

貸借対照表

×2年3月31日現在　（単位：万円）

現金	484	借入金	150
売掛金	180	未払費用	10
車両運搬具	250	資本金	500
		当期純利益	254
	914		914

　この例では示しておりませんが，事業を営む際には，いろいろな税金が関係します。車両の購入には自動車取得税や消費税などがそうです。そのほかに事業により利益が生じたときには，その金額に応じた所得税，住民税および事業税を納付しなければなりません。個人の事業では事業主が債権者に対して無限責任を負います。ですから，債権者から借りたお金を事業の資金だけで返済できないときには，事業主が個人的に所有する不動産や有価証券などの個人財産を売却して返済しなければなりません。このため，債権者の元金や利息と税金等をきちんと支払えば残りの利益を事業主がどのように使おうと特に法的な制限はなく，自由です。この点が株主の有限責任を前提とする会社の場合と異なります。株式会社では，株主は会社に出資した額しか責任を負いません。

（3） キャッシュ・フロー計算書の作成

　家計において現金の収支に関する家計簿を説明しましたが，企業会計ではこの家計簿と実質的に同じ内容をキャッシュ・フロー計算書と呼びます。それは，一期間中における営業活動・投資活動・財務活動という3つの活動に関連してその増減を示したものです。それを例示すれば，以下の通りです。

キャッシュ・フロー計算書
×1年4月1日より×2年3月31日まで　　　（単位：万円）

1	営業活動による増加	1,000	
	営業活動による減少	866	
	営業活動による純増加		＋）134
2	投資活動（トラック購入）による減少		－）300
3	財務活動（借入金）による増加		＋）150
	当期における現金の純減少		△　16
	当期首の現金残高		500
	当期末の現金残高		484

　すでに説明しましたように，企業会計では財産目録を作成しません。それに代わる役割の一部を担うのがいろいろな帳簿です。例えば仕入先および得意先には仕入先元帳および得意先元帳がそれぞれ設けられ，車両や備品などには固定資産台帳が設けられています。わが国でも1974年まで財産目録の作成規定がありました。しかし，それ以降は会社の再生，清算及び破産などの特別なケースを除き，通常の決算ではその作成義務はありません。ただドイツ及びフランスなどの諸国ではそれは資産及び負債のすべてを実地調査に基づいてチェックします。このため，帳簿記録や貸借対照表・損益計算書作成の信頼性を確保し，証拠書類の面から伝統的に毎決算ごとにその作成を義務づけています。

　会計をめぐる不祥事や不正経理事件が数多く発生しております。このような昨今の経済ニュースと関係づけますと，実地調査に基づいて資産及び負債を詳細に示し，その金額だけでなく数量も併せて示すこの財産目録を，コーポレート・ガバナンス（企業統治）に関連する財産管理面から再評価し，その基本的な考え方を

もっと強化すべきではないかと考えます。

なお，個人事業者が一定の要件を備えた帳簿書類を備えて記帳し申告するときに，所轄の税務署長から承認を受けたときには青色申告制度を利用できます。これに基づいていろいろな税務上の特典を受けることができます。例えば，生計をともにする親族に支払う対価の一定部分が必要経費として認められます。ですから，帳簿を正しく記帳することは税金面でもとても有利となります。一定の要件を満たせば，株式会社の場合も同様に青色申告制度が適用できます。例えば青色申告により，当期純損失が発生した赤字額を一定期間にわたって所得から差し引いたり（欠損金の繰越控除），前年の税金の還付を受けたり（欠損金の繰戻し還付），さらに各種の特別償却や準備金も用いて税額を控除できます。

ただし，この青色申告制度は個人事業者も会社も帳簿の備えが不備であったり，帳簿種類に取引の隠ぺいや仮装した記載があるときには取り消されます。

この青色申告に対するのが白色申告です。ここでは青色申告の特典は認められません。

会計上の帳簿記入については，正規の簿記の原則があります。これはすべての取引をもれなく把握し，その際に十分に証拠力のある領収書などの書類に基づいて一定のルールに従って記入する原則です。これに適するのは複式簿記です。この複式簿記は，取引が発生したときに二面的に（借方と貸方）記帳（複記帳）し，しかも歴史的に発生順に記録する仕訳帳と財産管理面から各収益・費用・資産・負債・純資産の変動を記録する元帳との2つの帳簿（複帳簿）を整えた簿記システムです。

株式会社の会計

　株式会社は個人事業の場合とは違って，株主の有限責任を前提とします。このため，株主は会社が倒産したときには出資した額しか責任を負いません。そこで，会社法は債権者を保護するための仕組みを整備しています。その1つが資本金制度です。この金額に相当する会社資産を社外に処分することを禁止しています。従来，株式会社の設立時に最低資本金が1,000万円でなければならないという規定がありました。現在はそれがなくなり，1円からでも会社を設立できます。

　さて，以下において商品売買業を営むために株式会社を設立した中小会社の会計を例示します。

1 会社の設立

　株式会社を設立するときには会社の定款に定める発行予定の株式総数の4分の1を少なくとも発行しなければなりません。いま1株式あたり1,000円で10,000株発行して資本金1,000万円の会

社を設立し，その株主はそれに対する金銭を払い込みました。その場合，会社の登録税や株券の印刷費などの会社をつくるときにかかる支出額（創立費）と，会社の成立後に開業準備のために不動産賃借料や広告費などの支出額（開業費）とが併せて100万円かかったとします。したがって，それらの支出額を控除した差額の900万円が営業活動に利用できる資金となります。

2　一年間における営業活動の内容

① 　商品@10,000円を7,000個仕入れ，そのうち代金3,000万円は現金で支払い，残りの4,000万円はその代金はまだ支払っていません（これは買掛金という負債です）。

②上記商品を@13,000円で5,500個販売しました。そのうち4,150万円は現金で販売し，残りの3,000万円は次期に代金の回収を予定しています（これは売掛金という債権です）。

③ 　給料750万円，家賃240万円，広告宣伝費250万円，その他経費150万円の合計1,390万円を現金で支払いました。

④ 　100万円のパソコンを現金で購入しました。

⑤ 　銀行から250万円を年利4％の利息で5年の返済期間で借り入れ，その利息10万円を現金で支払いました。

3　営業活動の結果

（1）　現金の増加と減少

期首から期末までの現金の増加と減少を以下のように計算します。

開業時 900 万円 − 仕入高 3,000 万円 + 売上高 4,150 万円 − 販売費及び一般管理費 1,390（750 万円 + 240 万円 + 250 万円 + 150 万円）− 備品 100 万円 + 借入金 250 万円 − 支払利息 10 万円 = 800 万円（期末）

（2） 商品の売上原価の計算

まず収益を得るために販売された商品の原価，つまり売上原価を次のように計算します。

仕入れた 7,000 個のうち 5,500 個が販売されました。これに@ 10,000 円を乗じた額 5,500 万円が収益としての売上を得るために犠牲とされた商品の原価，つまり売上原価となります。残りの 1,500 個はまだ販売されておらず，期末に在庫しています。これに@ 10,000 円を乗じた額 1,500 万円がまだ販売されていませんので，期末には資産となります。

（3） 損　益　計　算

一期間中の損益について計算します。

① 収益（売上高）= 4,150 万円（現金売上）+ 3,000 万円（売掛金による売上）= 7,150 万円
② 費用の合計 = 売上原価 5,500 万円 + 創立費及び開業費 100 万円 + 販売費及び一般管理費（営業費）1,390 万円 + 支払利息 10 万円 = 7,000 万円
③ 当期純利益 = 収益 7,150 万円 − 費用 7,000 万円 = 150 万円
　その結果，貸借対照表と損益計算書を作成します。

貸借対照表 (単位：万円)				損益計算書 (単位：万円)			
現金	800	買掛金	4,000	売上原価	5,500	売上	7,150
売掛金	3,000	借入金	250	販管費及び一般管理費	1,390		
商品	1,500	資本金	1,000	支払利息	10		
備品	100	当期純利益	150	創立費・開業費	100		
	5,400		5,400	当期純利益	150		
					7,150		7,150

④ 決算時点における追加的事項

(1) 帳簿記録の修正事項

上記の貸借対照表および損益計算書では以下の点がまだ考慮されておりません。決算時点で次の事項をさらに考慮する必要があります。

① 商品の帳簿数量1,500個を実地棚卸したところ，実際の在庫数は1,490個しかありませんでした。その結果，10個分につきましては，10万円（10個×10,000円）を減耗損として計上します。

② 売掛金の代金回収について検討しましたところ，どうしても回収できない金額が40万円あると見込まれます。そこで，代金回収不能分をあらかじめ貸倒引当金として計上します。これに関する40万円の費用が加算されます。

③ 備品（パソコン）は5年間利用できる見込みなので，1年間の使用した分については減価償却費として計上します。ここでは取得原価100万円を5年間で均等額で償却しますと（定額法），本年度の負担分は20万円となります。

④ 従業員に対する賞与として次期に30万円を支給する予定です。これに伴う賞与引当金を計上します。これに伴い費用が30万円増加します。

以上の①から④までを考慮しますと，上記の貸借対照表及び損益計算書は次のように追加修正されます。

> 資産の減少：商品10万円，売掛金40万円，備品20万円
> 負債の増加：賞与引当金30万円
> 費用の追加：棚卸減耗損10万円＋貸倒引当損40万円＋減価償却費20万円＋賞与引当金に対する費用30万円＝100万円

(2) 貸借対照表及び損益計算書の修正

その結果，修正された貸借対照表及び損益計算書は以下の通りとなります。

貸借対照表　　　　　　　　（単位：万円）

現金		800	買掛金	4,000
売掛金	3,000		賞与引当金	30
貸倒引当金 －)	40	2,960	借入金	250
商品	1,500		資本金	1,000
棚卸減耗分 －)	10	1,490	当期純利益	50
備品	100			
減価償却負担分 －)	20	80		
		5,330		5,330

損益計算書 (単位：万円)

売上原価		5,500		売上	7,150
プラス棚卸減耗損	+)	10	5,510		
販売費及び一般管理費		1,390			
プラス貸倒引当損		40			
減価償却費		20			
賞与引当損	+)	30	1,480		
支払利息			10		
創立費・開業費			100		
当期純利益			50		
			7,150		7,150

　棚卸減耗損が売上原価にプラスしていますのは，それが商品販売において，この10個程度の減耗分は正常な範囲であり，どうしても避けることができない減耗数量であるという考え方に基づいています。

(3) 商品数量に関する継続記録法と棚卸計算法

　上記の例では期末商品の額が400万円がすでに与えられた数値でした。この数値を把握するためには，まず商品の在庫数量を確認しなければなりません。これには継続記録法と棚卸計算法とがあります。

　継続記録法は帳簿に商品の仕入れた時点及び販売した時点で生じた商品数量の変動をその都度記録する方法です。したがって，この方法ですと，自動的に期末の帳簿上の在庫数量がわかります。でも，この数値が実際に残った数量かどうかはやはり実地調査が必要です。帳簿上には1,500個残っているはずですが，実際には1,490個しかなければ10個分は棚卸減耗数量となります。それに単価分を乗じた額を棚卸減耗損として費用処理します。

棚卸計算法は商品を仕入れた時点ではその数量増加は記録しますが，販売した時点では商品の数量減少を記録せず，期末に実際に存在する商品の在庫数量を確認してから減少した商品の数量を逆算する方法です。例えば，仕入れた商品の総数量が7,000個で，期末に1,490個の実際数量があれば，販売した数量は5,510個と計算します。

(4)　商品単価に関する先入先出法・平均法等

　期間中に商品を仕入れた単価が変動するときには，期末の商品及び販売された商品の原価を計算するためには，仮定をおいて計算します。先に仕入れた商品が先に売られたと仮定する考え方を先入先出法といいます。

　仕入単価が異なるたびに平均単価を計算し直す方法を移動平均法といいます。一定期間の平均的な単価を用いる方法を総平均法または加重平均法といいます。

　品数が極端に少なくその個別的管理ができる商品については個々の商品ごとの単価を用いる方法を個別法といいます。

　例えば，1回目に仕入れた数量10個の単価が100円，2回目に仕入れた数量15個の単価が120円，このうち12個を販売したとします。

　先入先出法では，販売した12個は1回目に仕入れた商品10個の単価100円がすべて出ていき，残りの2個分は2回目の仕入れた数量が出ていったとみなします。このため，残っている商品は2回目の数量13個分でその単価は120円となります。

　移動平均法は，仕入れ単価が異なる時点で平均単価を計算し直します。この例では2回目の仕入れ時点で商品の総数量は25個

となり，合計の金額は2,800円（10個×100円＋15個×120円）ですから，この金額を25個で除して平均単価は112円となります。この単価の商品12個が販売されたとみなします。まだ販売されていない商品の数量は13個で単価は112円です。

　総平均法は一期間中の仕入原価の合計を仕入数量で除した額を期末商品の単価とする方法です。上記の例では2回しか仕入れがありませんので，結果的に移動平均法と同じとなります。3回目の仕入れた商品数量が20個で単価が130円だとしますと，結果は異なります。総平均法では仕入原価の総額は5,400円，仕入れた商品の数量は45個です。その結果，平均単価は120円です。

　一方，移動平均法では販売後の残っている商品13個の単価は112円で1,456円です。3回目の仕入れで商品の数量は20個増えて33個となり，1,456円に3回目の仕入原価2,600円の合計4,056円を33個で除しますと，平均単価は122.9円となります。

　このほかに，デパートやスーパーのように多量の異なる種類の商品を取り扱う店では，期末の値札のついた売価から，原価率を算定して期末の原価を計算する売価還元法もあります。

　どの方法をとるかによって期末の商品の原価と売上原価とは異なります。そこで，一度採用した方法は継続して適用する必要があります。これを会計処理手続に関する継続性の原則といいます。毎期その処理を変更しますと，期末商品の原価及び売上原価の金額が変動してしまい，それを通じて帳簿記録の信頼性が得られなくなります。この継続性の原則は，経営者による恣意的な利益の操作を防いだり，あるいは当期と前期，当期と翌期といった各期間における業績比較を行ううえで会計上きわめて重要な考え方です。

5 法人税等の計上と利益処分

　個人事業と同様に，株式会社に対しては得られた利益に対して法人税，住民税および事業税が課せられます。課税所得は次のようになります。

　課税所得＝当期純利益50万円＋賞与引当損30万円＝80万円

　当期純利益と課税所得との間で30万円だけ差がでます。どうして課税所得の金額が当期純利益50万円とイコールではなく，30万円プラスされて80万円となるのか疑問をいだく人もいるでしょう。会計上の利益計算と税務上の課税所得計算は密接に関係しておりますが，実は両者は全く同一内容ではありません。税務上は会計とは異なる内容の課税計算が存在するのです。税務上は賞与引当金の計上は認められないからです。この両計算の詳しい内容の違いはⅧのなかで説明します。

　いま法人税等の実効税率を40％としますと，当期に納付すべき税額は80万円×40％＝32万円となります。しかし，会計上の当期純利益50万円に見合う税額は50万円×40％＝20万円です。つまり，12万円だけ税額についての差が生じます。貸借対照表の面からみますと，これはすでに説明しましたように，会計上は賞与引当金の30万円を負債の部に計上しますが，税務上はそれを負債に計上できない結果によります。しかし，次期において会社が賞与を実際に支払いますと，その12万円だけ次期の税額が少なくなります。

　このように，将来に支払うべき税金の前払いに相当する金額を

繰延税金資産として計上する考え方が税効果会計です。これに基づいて税引前当期純利益50万円に見合う法人税等の額20万円（50万円×40％）を損益計算書において表示することができます。

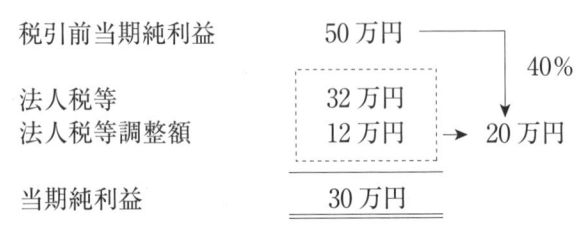

税引前当期純利益	50万円
法人税等	32万円
法人税等調整額	12万円 → 20万円
当期純利益	30万円

40％

会計上の資産の額が税務上の資産の額よりも大きいときには、逆に将来に支払うべき税金となるケースもあります。これを繰延税金負債として計上します。

当期純利益50万円から税金32万円を控除しますと、残高は18万円です。債権者に対して株主の有限責任制度を前提とする株式会社では、無限責任を前提とする個人事業の事業主と違いまして、この金額を自由に処分することはできません。株主総会において正式な利益処分決定の手続が必要です。いま5万円だけを株主に配当として処分し、残りの13万円については当期には処分せず次期に処分の対象として繰越すことを決定したとします。この13万円は繰越利益剰余金となります。

Ⅳ 上場会社の会計

1 会社の上場

(1) 会社上場のメリットと情報開示制度

　会社が順調に発展し一定の規模とコンスタントな業績を達成する企業までに成長しますと，会社の上場が話題となります。上場することができれば，社会的に会社の知名度が上がりますし，取引関係においても一段と信用力が増します。また資金調達に関してもこれまでのように単に経営者の個人的財産を担保とする方法や，あるいは金融機関からの借入れ（間接金融）だけに限りません。広く証券市場から直接的に株式や社債券の発行を通じて資金調達（直接金融）することもできます。その意味で，一層の企業規模の拡大を図りながら，効率的かつ迅速的な経営を目指すことが可能となります。上場はこのような大きなメリットがあります。

　その反面，一般大衆，つまり企業外部にいる投資家に会社の発行した株式や社債券を購入してもらうわけですから，そこには会

社の外部にいる投資家に対して会社の適正な財務データをタイムリーに情報提供する仕組みがどうしても必要となります。つまり会社の財務内容に関する十分な開示制度が重要となります。これがディスクロージャー制度です。

(2) 上 場 基 準

それを規制しますのが投資家保護を目的とした金融商品取引法です。それに基づきまして、証券取引所で会社が自由に株式及び社債券などの有価証券を発行するには（これを公開会社といいます）、まず上場基準をクリアしなければなりません。これにはいくつかの種類があります。1つめは、新興企業などがはじめて上場するときにはジャスダックやヘラクレスといった証券取引所の基準があります。2つめは、さらにその上のランクの基準を満たせば2部上場となり、その後に厳しい基準を満たせば1部上場となります。それぞれの上場の審査にあたっては、発行済み株式総数、株主数、純資産や純利益の額などといったものが基準となります。近く東京証券取引所と大阪証券取引所は合併し1つの組織になる予定です。

(3) 有価証券報告書の作成と会計監査制度

次に、上場した会社は毎決算期ごとに有価証券報告書を内閣総理大臣に提出しなければなりません。この有価証券報告書のなかに会社の一年間の財務内容が詳細に示されております。ここで報告される財務報告書を財務諸表といいます。企業の外部者たる投資家はこの財務諸表をベースとして当該会社の有価証券の売買を決定するわけですので、その報告書が信頼できる会計基準で作成

されていなければなりません。そのために企業会計原則やさまざまな個別的な会計処理に関する会計基準のルールが定められています。この財務諸表は，会社の財政状態，経営成績及びキャッシュ・フローの状況に関する真実な報告をしなければなりません。これを真実性の原則といいます。

また，会社が作成しました有価証券報告書が上記のルールに従って作成されているかどうかを監査する仕組みが会計監査制度です。会社と特別な利害関係のない公認会計士（certified public accountant；C.P.A.）または監査法人は，監査の結果として監査報告書を作成し，そのなかで自己の意見を表明します。ルール通りに作成されていれば適正意見，一部不備があれば一部限定意見，重要な監査手続が実施できず十分な意見を表明できないときには意見差し控え，ルール通り作成されていなければ不適正意見となります。投資家保護の視点から，会計監査人は監査報告書で述べた監査意見について社会的な責任を負います。

会社が本当は儲かっていないのに，儲かっているかのように会計データを改ざんする行為を粉飾決算（この逆が，本当は利益があるのに費用を過大に水増ししたり一部の売上を計上せずに利益を過小に表示する逆粉飾です）といいます。経営者は当然それについての責任を負いますし，監査人も十分な監査をしていたかどうかによって，責任が問われます。ですから，会社を上場するにはそれだけの社会的な重い責任が伴います。この点を経営者は上場にあたって自覚しなければなりません。残念なことに，ニュース報道におきましてこの粉飾決算をめぐる事件は後を絶ちません。

上場会社は年1回の有価証券報告書の作成だけでなく，四半期ごとに四半期財務諸表も作成しなければなりません。

2　財務諸表の種類

(1)　連結財務諸表と個別財務諸表

さきほど有価証券報告書のなかで財務諸表が投資家の意思決定におきまして重要な財務データだと述べました。この財務諸表につきまして説明します。

有価証券報告書で提出すべきものは連結財務諸表と財務諸表です。前者は経済的な企業グループ全体を対象とした財務諸表です。これに対して後者は法人格のある会社自体の個別財務諸表です。上場会社では規模が大きくなりますと，当然子会社がいくつかあります。このため，単に個別財務諸表の判断だけでは企業の実態を捉えることができません。その意味で，連結財務諸表があくまでもメインとなり，個別財務諸表はそれを補完するサブの関係となります。

連結財務諸表は次のものから構成されます。

連結財務諸表 ┤ 連結貸借対照表
　　　　　　　連結損益計算書
　　　　　　　連結株主資本等変動計算書
　　　　　　　連結キャッシュ・フロー計算書
　　　　　　　連結附属明細表

個別財務諸表は次のものから構成されます。

財務諸表 ｛ 貸借対照表
損益計算書
株主資本等変動計算書
キャッシュ・フロー計算書
附属明細表

連結財務諸表と個別財務諸表の構成内容は全く同じです。

四半期財務諸表は連結ベースだけで作成し、次のものから構成されます。

四半期財務諸表 ｛ 四半期貸借対照表
四半期損益計算書及び四半期包括利益計算書
（または四半期損益及び包括利益計算書）
四半期キャッシュ・フロー計算書

但し、第1四半期及び第3四半期のキャッシュ・フロー計算書の作成は省略できます。

四半期財務諸表は本決算でないので、四半期株主資本等変動計算書及び四半期附属明細表の作成は義務づけられておりません。四半期財務諸表につきましては本決算による監査を簡素化した四半期レビューによる監査を実施します。

(2) 注記事項

これらの財務諸表に直接的に関連する重要な会計情報の手段が注記です。そこでは例えば次の事項が財務諸表本体の枠外で示されます。

① 会計処理の原則及び手続並びに表示方法に関する重要な会計方針とその変更

② 決算日以降に財務状況に影響する火災などの損害の発生や

係争事件の発生または解決などの重要な後発事象
③ 継続企業の前提に重要な疑義のある事象または状況
④ 債務保証などのように現時点ではまだ発生の可能性は低いですが,ひょっとしたら将来に負債となりうる可能性のある偶発債務

財務諸表の中心は貸借対照表,損益計算書及びキャッシュ・フロー計算書です。純資産の部の変動を示す株主資本等変動計算書及び重要な項目の変動と結果を示す附属明細表はあくまでこのメインとなる3つを補完するものです。

家計では家計簿,つまりキャッシュ・フロー計算書が一義的でした。でも会社では貸借対照表及び損益計算書がコアで,それらを補佐するキャッシュ・フロー計算書が新たに加わり,メインの財務諸表は3つです。本書ではこの3つを詳しく取り上げます。連結財務諸表は個別財務諸表を説明しましたあとで触れます。

3 財務諸表の様式

(1) 貸借対照表

① 貸借対照表の様式

期末現在の財政状態を表示する貸借対照表の様式は以下の通りです。ここで財政状態とは,会社が株主や債権者からどれだけ資本を調達したのかに関するその源泉と,現在それをどのような資産形態として運用しているのかを意味します。

多くの上場会社の決算期間は4月1日からは翌年の3月31日までが一般的であり,決算日は3月31日です。

貸借対照表
平成×年×月×日

資産の部
Ⅰ 流動資産　　　　　　　　　　　　　　　　　×××
Ⅱ 固定資産　　　　　　　　　　　　　　　　　×××
Ⅲ 繰延資産　　　　　　　　　　　　　　　　　×××
　　　　　　　　　　　　　　資産合計　　　　×××

負債の部
Ⅰ 流動負債　　　　　　　　　　　　　　　　　×××
Ⅱ 固定負債　　　　　　　　　　　　　　　　　×××
　　　　　　　　　　　　　　負債合計　　　　×××

純資産の部
Ⅰ 株主資本
　1 資本金　　　　　　　　　　　　　　　　　×××
　2 資本剰余金　　　　　　　　　　　　　　　×××
　3 利益剰余金　　　　　　　　　　　　　　　×××
　4 自己株式　　　　　　　　　　　　　△ ×××
Ⅱ 評価・換算差額等　　　　　　　　　　　　　×××
Ⅲ 新株予約権　　　　　　　　　　　　　　　　×××
　　　　　　　　　　　　　純資産合計　　　　×××
　　　　　　　　　　　　負債純資産合計　　　×××

　資産は将来の経済的便益を示し，会社に確実な現金収入をもたらすものであり，負債はこの資産の経済的な犠牲を，会社から現金の支出を確実にもたらすものです。

② 資産と負債の分類

　資産及び負債は流動・固定の区分で分類されています。流動項目を決定しますのは，正常営業循環基準と1年基準です。

　正常営業循環基準によりますと，材料の仕入れから生産及び販売までの営業活動に関与する受取手形及び売掛金などの金銭債権

と，支払手形及び買掛金などの金銭債務，さらに生産過程にある仕掛品及び半製品や製品などの棚卸資産は流動資産及び流動負債に属します。

1年基準によりますと，貸付金及び借入金などの財務上の資産及び負債は決算日の翌日から1年以内に回収または支払期限が到来するかどうかで流動資産または固定資産，流動負債または固定負債が決定します。なお，有価証券だけはその保有目的から流動資産または固定資産が決まります。短期的な利殖目的で運用しているものは流動資産となり，他の会社の支配また長期的な利殖目的で保有するものは固定資産となります。

③ **資産・負債・純資産の主な項目**

A 資産及び負債　短期的に現金に転換される流動資産には，現金及び預金，受取手形，売掛金，有価証券，商品及び製品，短期貸付金などがあります。

使用あるいは長期間の投資目的に利用される固定資産には，次の種類があります。

1) 有形固定資産：建物，機械及び装置，車両運搬具，備品，土地など
2) 無形固定資産：特許権，借地権，実用新案権，商標権，ソフトウェア，のれんなど
3) 投資その他の資産：投資有価証券，関係会社株式，関係会社社債，長期貸付金など

繰延資産にはすでに触れた創立費，開業費以外に株式交付費，社債発行費及び開発費があります。

流動負債には支払手形，買掛金，短期借入金，未払金，修繕引当金や製品保証引当金などがあります。

固定負債には社債，長期借入金，退職給付引当金，資産除去債務などがあります。

B　純資産　　　純資産の部は株主資本，評価・換算差額等及び新株予約権の3つに区分されます。このうち株主資本は資本金，資本剰余金及び利益剰余金，自己株式に細分されます。特に資本剰余金及び利益剰余金はその発生源泉別の分類です。つまり，株主が会社に払い込んだ資本に属する剰余金を資本剰余金といいます。これに対して，会社が事業活動で獲得し会社に留保した留保利益に基づく剰余金を利益剰余金といいます。

資本剰余金が増加または減少する取引を資本取引といいます。利益剰余金が増加または減少する取引を損益取引といいます。両者は本来的に異なる取引です。会計上，これは資本と利益の区別と呼ばれており，とても重要な考え方です。これを資本取引・損益取引区分の原則といいます。もし両者を混同しますと，損益計算が正しく算定されなくなるからです。

会社が発行した株式を会社自身が保有したのが自己株式です。これは株主資本から控除して表示します。

評価・換算差額等は，その他有価証券評価差額金，繰延ヘッジ損益及び土地再評価差額金から成ります。

新株予約権は，その保有者が権利を行使することに伴い会社側が新株または自己株式を交付する義務を負います。

④　貸借対照表に基づく財務指標

資産及び負債の配列は流動性の高い順とします（これを流動性配列法といいます）。その分類及び配列に基づいて会社の財務状況を判断することができます。

Ⓐ　流動比率 ＝ $\dfrac{流動資産}{流動負債}$

　流動負債は短期的に支払わなければならない負債で，流動資産は短期的に現金に転換できる資産です。ですから，この流動負債を分母とし流動資産を分子とする流動比率によって，会社の短期的な支払能力を判定できます。一つの目安はその値が100％以上であることです。しかし，100％以上であっても安心は禁物です。なぜなら，受取手形及び売掛金のなかに回収できない不良債権が多くあったり，多量の在庫している商品及び製品がすぐには販売できなかったりするときもあるからです。そのようなときには流動比率の値をかなり割り引いて判断しなければなりません。

Ⓑ　自己資本比率 ＝ $\dfrac{自己資本}{総資本}$

　会社が調達した資本総額のうちで借入れにたよらずにどの程度自己資本でまかなっているかを示す分析比率を自己資本比率といいます。これは上記の貸借対照表における負債純資産合計から新株予約権を差し引いた総資本の額を分母とし，純資産から新株予約権を差し引いた自己資本の額を分子として計算します。

　この値は，特に国際金融業務の適否を判定するBIS規制との関係で金融機関の財務安全性を判定する尺度として重視されています。国際業務を行う銀行は自己資本比率が8％以上，国内業務のみを行う銀行は4％以上が要求されます。国際的金融不安を背景にその比率を維持するだけでなく，自己資本の中心部分を普通株式等でさらに強化すべきとする考え方が支配的です。

Ⓒ　株主資本利益率 ＝ $\dfrac{当期純利益}{株主資本（自己資本）}$

すでに触れた自己資本の額を分母として，当期純利益を分子とする株主資本利益率（return on equity；ROE）は，経営者が株主の資本をどの程度効率的に運用しているかを判定する際に重要となります。

Ⓓ　総資本利益率 $= \dfrac{当期純利益}{総資本} = \dfrac{売上高}{総資本} \times \dfrac{当期純利益}{売上高}$

　総資本の額を分母とし，当期純利益を分子として計算される総資本利益率（return on investment；ROI）は総資本全体に関する経営者の利用効率を表す指標で，特に同業他社との比較において注目されます。具体的には1円の利益を生み出すのにいくらの資本を必要とするかがわかります。もちろん，少ない資本の会社のほうが資本効率が良いわけです。

　これは2つの計算要素から構成されます。1つは売上高を総資本で除して計算される資本回転率と，他の1つは利益を売上高で除して計算される売上高利益率とを乗じた値です。したがって，総資本利益率を高めるには，資本回転率を良くするか，あるいは売上高利益率を良くするかが必要となります。

Ⓔ　1株あたりの純資産額

　これは純資産の額を会社が発行している株式総数で除した額です。株価をこの1株あたりの純資産額で除した値を株価純資産倍率（price book-value ratio；PBR）といいます。これが高い会社はストック面から評価されます。この値が1になりますと，会社の解散価値を示すといわれます。

　このように，貸借対照表からいろいろな会社の財務上の判断に関する手掛かりが得られます。

(2) 損益計算書

① 損益計算書の様式

一会計期間における経営成績を示す損益計算書の様式は以下の通りです。ここで経営成績とは，一会計期間における会社の業績を表わす利益と処分可能利益を意味します。

損益計算書

自平成×年×月×日　至平成×年×月×日

Ⅰ	売上高		×××
Ⅱ	売上原価	−)	×××
	売上総利益		×××
Ⅲ	販売費及び一般管理費	−)	×××
	営業利益		×××
Ⅳ	営業外収益	+)	×××
Ⅴ	営業外費用	−)	×××
	経常利益		×××
Ⅵ	特別利益	+)	×××
Ⅶ	特別損失	−)	×××
	税引前当期純利益（税引前当期純損失）		×××
	法人税等	−)	×××
	法人税等調整額	±)	×××
	当期純利益（当期純損失）		×××

② 損益計算書の区分内容

損益計算書は，主たる営業活動によって生じた営業収益（売上高）及び営業費用（売上原価と販売費及び一般管理費），それに付随して主に財務活動との関連で生じる営業外収益及び営業外費用，さらに経常的以外の原因で生じる特別利益及び特別損失に分類されます。

A　営業損益

営業収益は一般に財またはサービスを提供した時点で計上します。これを販売基準または実現主義といいます。逆にいえば，財またはサービスをまだ提供していないときには，収益を計上しません。原価が10万円で販売価格が15万円の商品をまだ販売していないときには，5万円は未実現利益であり，それを販売してはじめて実現利益となります。このような販売基準が一般に適用されますのは，利益を計上しますと株主に対する配当や法人税等の支払が必要となるからです。それらの支払に伴い会社の流動資金が社外に流出しても会社の資金繰りに大きな支障が生じないようにするためです。

営業収益から販売された商製品の原価，つまり売上原価を控除しますと，売上総利益が算出されます。粗利ともいいます。

販売費及び一般管理費には販売手数料，運搬費，広告宣伝費，給料，交通費，租税公課，減価償却費，保険料などがあります。売上総利益からこの販売費及び一般管理費を控除しますと，営業利益が算出されます。これは本業を表わす利益です。

B　営業外損益

営業外収益には受取利息，有価証券利息，有価証券売却益及び評価益などがあり，営業外費用には支払利息，社債利息，創立費償却，開業費償却などがあります。

営業利益に営業外収益を加え営業外費用を減額しますと，経常利益が算出されます。この経常利益は会社の業績を示す利益です。営業収益たる売上高とこの経常利益との関係で，会社の財務業績を判断する指標として4つのパターンがあります。増収増益・増収減益・減収増益・減収減益がこれです。ここでの増収とはけっしてキャッシュ・フローの増加ではありません。

1) 増収増益

これは前期に比べて営業収益が増えるとともに，業績を示す経常利益も増えるケースです。会社が順調に成長し，とても望ましい財務状況です。

2) 増収減益

これは，前期に比べて増収となり望ましい状況ですけれども，しかし例えば広告費や人件費，さらに支払利息などがそれを上回って増えたため，結果的に業績を表わす経常利益が減少し減益となってしまうケースです。

3) 減収増益

前期に比べて減収となりましても，常に減益となるとは限りません。営業収益の減少額を上回る営業費用（リストラ策の実施や広告費の削減など）及び営業外費用（借入金の返済に伴う支払利息の減少など）の減少があれば，減収増益となります。

4) 減収減益

これは前期に比べて減収となるとともに，減益ともなってしまうケースです。ちょうど1）の逆の場合です。

C 特別損益

特別損益は経常的以外の原因で生じる損益で，固定資産売却益や火災及び地震に伴う災害損失，固定資産売却損益などの臨時損益と，貸倒引当金戻入などの過去の損益に対する修正損益とがあります。

経常利益にこの特別損益を加減しますと，税引前当期純利益が算出されます。この税引前当期純利益に見合う法人税等の金額と，実際に納付すべき法人税等額との差額を法人税等調整額として示します。

D　当期純損益　　損益計算書には最終的に1年間の営業活動によるすべての収益及び費用の結果として得られた処分可能な利益としての当期純利益が示されます。このような期間利益の考え方を包括主義に基づく損益計算書といいます。これに対して，一期間の正常な収益力を示す収益及び費用だけにその範囲を限定して経営者の経営能力を示す期間利益の考え方を当期業績主義に基づく損益計算書といいます。これは現行制度における経常利益の段階までで終了する損益計算書で，1974年まで適用されていました。しかし，今は包括主義の損益計算書がベースです。

なお，この包括主義は後で触れます包括利益とは用語自体は似ていますが，同じではありません。

③ 損益計算書に基づく財務指標

損益計算書に基づく財務分析の指標には，次のものがあります。

Ⓐ　売上高総利益率 $= \dfrac{売上総利益}{売上高}$

これは売上総利益を売上高で除した値です。

Ⓑ　売上高営業利益率 $= \dfrac{営業利益}{売上高}$

これは営業利益を売上高で除した値です。この売上高営業利益率は，会社の負債に伴う支払利息及び社債利息などの財務的費用及び為替損益が含まれていないので，同業他社との本業に関する財務業績の判定に役立ちます。

Ⓒ　売上高経常利益率 $= \dfrac{経常利益}{売上高}$

これは経常利益を売上高で除した値です。

Ⓓ　売上高当期純利益率＝$\dfrac{当期純利益}{売上高}$

これは当期純利益を売上高で除した値です。

Ⓔ　1株あたりの当期純利益

これは当期純利益の額を発行済株式総数で除した金額です。株価をこの1株あたりの当期純利益で除した値を株価収益率（price earnings ratio；PER）といいます。これは会社をフローからみたときに重要な判断材料となります。例えば株価が500円で1株あたりの利益が25円だとすれば，PERは20倍です。このPERが低ければ株価が割安であるとみて投資価値は高いと判断します。

(3)　キャッシュ・フロー計算書

①　キャッシュ・フロー計算書の様式

キャッシュ・フロー計算書の様式には直接法と間接法の2種類があります。直接法は家計簿と同様にキャッシュ・フローに関する収入額と支出額を総額で示す計算書です。間接法はキャッシュ・フローを二時点間における資産及び負債の差額をベースとした計算書です。前者だと同業他社に取引の重要なデータが示されてしまうので，間接法が一般的です。以下，間接法による様式を示します。

キャッシュ・フロー計算書
自平成×年×月×日　至平成×年×月×日

Ⅰ　営業活動によるキャッシュ・フロー
　　　　税引前当期純利益　　　　　　　　　×××
　　　　減価償却費　　　　　　　　　＋）×××
　　　　売掛金の増加　　　　　　　　－）×××
　　　　商品の減少　　　　　　　　　＋）×××
　　　　買掛金の減少　　　　　　　　－）×××
　　　営業活動によるキャッシュ・フロー　　　　　×××
Ⅱ　投資活動によるキャッシュ・フロー
　　　備品取得による支出　　　　　　－）×××
　　　土地取得による支出　　　　　　－）×××
　　　投資活動によるキャッシュ・フロー　　　　　×××
Ⅲ　財務活動によるキャッシュ・フロー
　　　借入れによる収入　　　　　　　＋）×××
　　　配当金支払いによる支出　　　　－）×××
　　　財務活動によるキャッシュ・フロー　　　　　×××
Ⅳ　現金及び現金同等物の増加高　　　　　　　　　×××
Ⅴ　現金及び現金同等物の期首残高　　　　　　　　×××
Ⅵ　現金及び現金同等物の期末残高　　　　　　　　×××

②　キャッシュ・フロー計算書の内容

　キャッシュ・フロー計算書は営業活動・投資活動・財務活動の3つに区分して示されます。間接法のキャッシュ・フロー計算書では，営業活動のキャッシュ・フローのスタートは税引前当期純利益です。このため，損益計算書の数値と関連しています。

　次の項目に減価償却費がありますのは，減価償却費が現金支出を伴わずに費用に計上できるため，その金額だけキャッシュ・フローの面から税引前利益を修正するためです。キャッシュ・フロー計算書における"キャッシュ"には家計簿のケースとは違っ

て単に現金だけでなく，現金への換金に対してリスクがほとんどない短期投資（現金同等物）も含みます。

このキャッシュ・フロー計算書からは以下のような点がわかります。

1) 会社はどの程度現金を生み出す力をもっているのか。
2) 会社の支払能力に問題はないのか。
3) 会社の利益とキャッシュ・フローとの間に期間的なずれはどのくらいあるのか。つまり損益計算書では利益を示していても，それに見合う十分なキャッシュ・フローを獲得しているのか。

特に会社が利益を計上していても倒産することがあります。これが黒字倒産です。つまり，得意先に対して多額の売掛金がありますが，その回収の見込みが立ちませんと，商製品の支払代金や借入金の返済に支障が生じ支払不能に陥ってしまうためです。逆に一時的に当期純損失を計上していても，資金繰りに問題がなければ会社は直ちに倒産しません。

これらの面の評価からキャッシュ・フロー計算書は重要となります。

4 資金の調達活動

すでに触れましたように，上場会社は公開会社となりますので，金融機関による借入れだけでなく，直接的に資金を資本市場から調達することができます。

(1) 株式の発行

その一般的な方法が株式による発行です。従来会社はこの株式を株券として印刷し，それが株式の売買を通じて流通しておりました。しかし，現在では株券の電子化に伴い，株式はペーパーレスとなり，電子的に処理されています。

株式は会社における株主の地位または株主権を示すもので，株主の責任や権利の単位となるものです。会社は株式の内容及び株式の数に応じて株主を平等に取り扱わなければなりません。会社の株式を保有する株主は株主総会において会社経営への参与及び取締役の監督などに関して議決権を行使する権利（共益権）や，あるいは会社の配当及び解散時の残余財産の分配を受ける権利（自益権）とがあります。株主は会社に対して払い込んだ金額の返済を要求できません。株主はいつでも証券市場においてその株式を売却し自己の資金を回収できます。

会社が通常発行する株式は普通株式です。会社が普通株式10,000株を1株あたり1,000円で発行したとします。その場合，会社には1,000万円の現金が株主から払い込まれます。この金額は営業活動によって得られたものではありません。それを払込資本といいます。そこで，それを会社法は自由に社外に処分することを禁止しています。

会社法は原則としてこの払込資本の1,000万円全額を資本金として維持することを会社に義務づけています。ただ，その半額の500万円だけは資本金とし，残りの500万円については資本金とせずに資本準備金として計上することも認めています。これは株主の払込資本1,000万円のうちで資本金とならなかった部分で，株式払込剰余金といいます。それを純資産の部にある資本剰余金

のなかに計上します。実務では払込資本の全額を資本金にせずに資本剰余金に計上するのが一般的です。そのほうが資本金にしておく場合よりも会社にとってその使い勝手がよいからです。

```
株主からの払込資本の額 ┌ 資本金                    500万円
1,000万円              └ 資本金以外の払込資本      500万円
                                                  ↓
                                    (資本剰余金に属する株式払込剰余金)
```

　会社の株価が思わしくなく低迷しているときに新株を発行しますと，1株あたりの株式価値が低下します。これを株式の希薄化といい，株主からは歓迎されません。

　普通株式のほかに，配当や残余財産の分配に関して普通株式よりも優先順位の高い株式があります。これが優先株式です。財務内容が悪くなったときに発行するケースが多いようで，配当優先権が一般的です。この配当優先権は投資家にとって魅力的ですが，その代わり会社の経営には参加できず議決権のないのが普通です。

　普通株式よりも優先順位が劣る株式を劣後株式といいます。配当権にこの劣後性がある株式を後配株といいます。

```
        ┌ 優先株式（普通株式より配当権などが優先的）
株式 ┤ 普通株式
        └ 劣後株式（普通株式より配当権などが劣後的）
```

(2) 社債の発行

① 普通社債

会社は株式に代えて社債券を発行することもできます。これは例えば50万円単位の借用証書を会社が1,000口発行して額面総額5億円を広く一般投資家から資金を調達する方法です。返済までの一定期間内に毎年例えば4％の利息を会社は支払い，元金の額面総額を返済します。会社は社債を固定負債の部に計上します。

社債の利率は会社の財務内容によって異なります。その判断指標が会社の格付けです。これを内外の格付機関が公表しています。みなさんの知っている会社の格付けがどのランクか調べてみて下さい。次頁で示す会社の格付けを目安にして財務内容が良い会社の社債の利率は例えば2％となり，より低くなります。財務安全性が高いからです。

ところが，財務内容が悪い会社では社債利率が例えば6％となり上昇します（これは国が発行する国債でも同様です）。倒産リスクが高くなるからです。景気が低迷しているときにリスクをできるだけ少なくしたい投資家は，この社債券への投資のほうが株式へのそれよりも安全となります。ただ上場会社が発行する社債券には通常担保がつきません。社債の債務に関する利払いや償還が不可能となるケースを債務不履行（デフォルト）といいます。株式と同様に社債もリスクがあります。このような一般的な社債を普通社債といいます。

債券の格付け

AAA	信用力が最も高い
AA	信用力はきわめて高い
A	信用力は高い
BBB	信用力は十分だが，将来の環境が大きく変化するときには，十分注意すべき要素がある。
BB	信用力は当面問題ないが，将来の環境が大きく変化するときには，十分注意すべき要素がある。
B	経済状況の悪化で債務履行が不十分となる可能性がある。
CCC	債務不履行の可能性があり，債務履行能力は経済環境に左右される。
CC	債務不履行の可能性が非常に高い。
C	現在，破産法に基づいて申請中で，債務の支払は引き続き行われている。
D	債務不履行に陥っている。

② **新株予約権付社債**

社債発行の特殊ケースがあります。新株予約権付社債がそうです。これは，社債と新株予約権とがセットとなったタイプで，この新株予約権を一定期間内で行使し定められた行使価格を払い込みますと，株式を取得できます。この新株予約権付社債は将来に株式の値上がりが見込まれるときに発行されます。その見込みがないときには，新株予約権自体に魅力がないので，この発行は控えられ，むしろ普通社債が一般に発行されます。

$$\text{社 債} \begin{cases} \text{普通社債} \\ \text{新株予約権付社債} \end{cases}$$

なお，社債や外国の国債などの債務不履行に対してクレジット・デフォルト・スワップ (credit default swap；CDS) を利用し

て一種の保険をかけるケースが実務上多くなってきました。このオプション料の支払額は債務不履行の可能性が大きくなりますと，当然高くなります。

（3） ストック・オプション

会社が従業員等による労働サービスの提供に対する対価として自社株式オプションを交付する場合があります。これをストック・オプション（stock option）といいます。このストック・オプションを付与された者が一定期間の勤務を経過した後，権利行使期間中にその権利を行使すれば，会社は資金を調達できます。

いま，権利行使価格1株300円のストック・オプション10,000個を従業員に付与した地点で，その公正な評価額が500万円とします。従業員はそのストック・オプションの交付を受けてから2年経過しますと，その権利を行使できます。ストック・オプションの付与時点から決算日まで1年経過したときには，その従業員は会社に労働サービスを1年間提供しましたので，そのストック・オプションの公正な評価額の2分の1の250万円を株式報酬費用及び将来の株式に転換される新株予約権として計上します。

ストック・オプションの行使期間中に株価が400円に上昇したので，従業員がその権利の5分の3に当たる6,000個を行使し，会社に180万円（300円×6,000個）を払い込んだとします。その結果，会社は180万円と新株予約権250万円の5分の3に相当する150万円の合計330万円を資本金（少なくとも2分の1の165万円を資本金とし，その残額を資本準備金とすることもできます）に計上します。従業員は1株あたり400円の株式を300円で取得できたことになります。この差額で得た経済的利益は，税

務上従業員の給与所得となり，課税の対象となります。

その後，株価が下落し270円となったときには，残りの4,000個を従業員は権利の行使をしません。行使すると，1株あたり30円損をしてしまうからです。その場合，会社は新株予約権の残額100万円を利益に戻し入れます。

会社が株式を発行せずに会社の保有する自己株式を交付するときもあります。

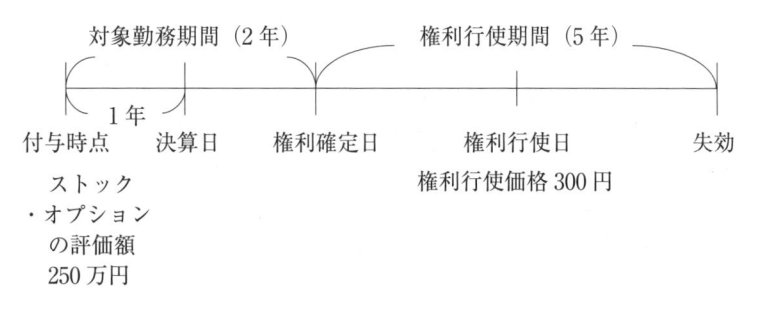

```
        対象勤務期間（2年）           権利行使期間（5年）
       ├──────────┤├──────────────────┤
       ├──┤
        1年
  付与時点  決算日      権利確定日        権利行使日            失効
  ストック                             権利行使価格300円
  ・オプション
  の評価額
  250万円
```

なお，このストック・オプションは会社法上新株予約権に相当します。敵対的防衛策の手段としても利用されます。あらかじめ会社と友好関係のある会社にこの新株予約権を与えておき，敵対的買収者がでてきたときにその権利を行使してもらえば，買収者の株式保有比率を低めることができ買収を防ぐ効果があります。

(4) 自 己 株 式

会社がすでに発行した自己の株式を取得するケースがあります。これが自己株式です。これは資金の調達活動ではありませんが，それに関連しますので，ここで説明します。

自己株式の取得は，会社に十分な財源（分配可能額がプラスであることが条件です）があるときに過剰となった発行済株式数を

減らし低迷する株価の下落を防いだり，株主資本利益率や1株あたりの当期純利益などの財務指標の値を改善したりするときに実施されます。

すでに説明しましたように，会社が株式を発行するときには株主の払込みにより会社の株主資本は増加します。会社が自己株式を取得するときにはその逆で，株主に対する会社財産の払戻しを意味し株主資本は減少します。したがって，会社が自己株式を取得したときには，株主資本のマイナスとして表示します。この自己株式を売却すれば，再び株主資本は増加します。自己株式の売却価格がその取得価格を上回るときには，自己株式処分差益が，逆のケースでは自己株式処分差損がそれぞれ発生します。

自己株式を消却すれば発行株式数が減少します。

(5) その他のタイプ

会社の資金調達に関する特殊なタイプがあります。

1つめは劣後債です。これは無担保で発行される社債の一種で，この債券を発行した会社が破産したり解散したときに他の普通社債などよりも元金及び利息の支払順位が劣ります。この点から株式に近い性質をもちます。

2つめは，「資産流動化法」により特定目的会社（SPC）を設立した後，不動産などを信託を用いて流動化し，その受益権について有価証券を発行して資金を調達する方法もあります。

3つめは仕組み債です。これは後で説明しますデリバティブを利用して利率，償還価格及び償還期限などを自由に設定した債券です。このため，利子，元金，株価，金利，為替などに連動しますので，通常の債券よりもリスクがかなり高くなります。

Ⅴ さまざまな企業活動と会計

1 製品の生産

　前に説明したのは運送業というサービス業と商品売買業でした。ここでは生産活動を伴う製造業について説明します。

　製品をつくるためには工場が必要です。工場用地を確保して工場用建物を建てた後，その製品の生産に不可欠な機械や生産ラインを設置して生産が開始されます。この製品の生産には購入した材料のうち実際に生産に用いて消費した材料費，工具が生産に従事した労務費及びその他生産に要したガス・水道・電気の消費額などのさまざまな経費がかかります。この材料費・労務費・経費の3つを原価の3要素といいます。それらを把握するのが原価計算です。

原料費 + 労務費 + 経費 = 製造原価

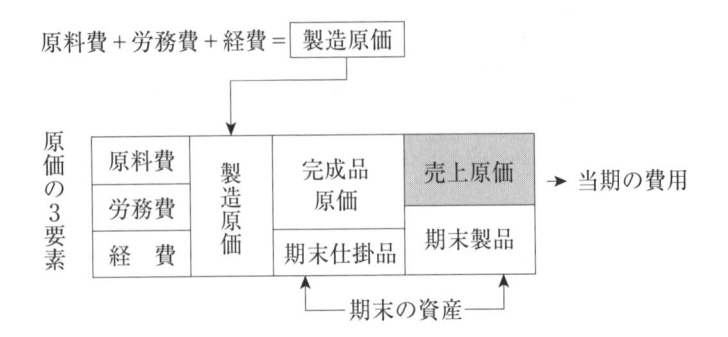

原価の3要素		製造原価	完成品原価	売上原価	→ 当期の費用
	原料費				
	労務費		期末仕掛品	期末製品	
	経 費				

――期末の資産――

　工場用の建物・機械・備品などの固定資産の消費額は経費に属します。他方，本社などで利用されている建物・備品などは販売費及び一般管理費に計上されます。両者は同じように思うかもしれませんが，取り扱いが異なります。工場用の建物の減価償却費は製品原価の一部に計上し，当該製品が販売されてはじめてその期の損益計算書に費用（売上原価）として計上します。したがって，その製品がまだ生産過程にあるとき（これを仕掛品といいます），あるいは製品として販売されるまでは，その期の費用とはならずに資産として計上します。

　ところが，本社で利用されている建物などの消費額はそのまま自動的にその期の損益計算書の費用（販売費及び一般管理費）として計上します。同様に工具の労務費も製品原価の一部となりますが，本店などで働く販売及び事務職の従業員に対して支払われる給料はその期の損益計算書に販売費及び一般管理費として計上します。

⎧ 工場用の建物・機械・備品等の減価償却費と賃金→製造原価に計上し，販売されたときにその期間の費用（売上原価）に計上
⎨
⎩ 本社の建物等の固定資産の減価償却費と給料→支払われた期間の販売費及び一般管理費に計上

　製造原価のうち製品が完成しますと，製造原価が完成品原価と期末仕掛品となります。完成品原価のうち販売された原価が売上原価となり当期の費用になります。完成品原価のうちまだ販売されていない原価は期末の製品原価となり，資産に計上されます。

　いま，国内メーカーは製品原価を引き下げるために，国内から国外に生産拠点を急速に移しております。それは，建物等の建設費や賃金，さらに電力コストなどの生産コストの削減が主な理由です。

2 投　　　資

(1) 有　価　証　券

　企業活動が拡大し資金に余裕がでてきますと，資金をより有利に運用する必要があります。まず有価証券への投資が考えられます。有価証券には株式や社債券があることをすでに説明しました。しかし，それだけではありません。そのほかに，国債証券，地方債証券，投資信託及び貸付信託の受益証券などがあります。もちろん，国内だけでなく外国の有価証券もあります。ハイリスク・ハイリータンの投資でいくのか，それともその逆のローリスク・ローリターンでいくのか，その中間でいくのかによって投資の選

択は異なってきます。

会計上，有価証券は次の3つの種類に分類し処理します。

① 売買目的有価証券

1つめは売買目的有価証券です。これは市場価格の値上がりを目的にして保有する有価証券です。いわば短期的な財テク目的で保有するものです。これについては，例えば150万円で購入した有価証券が期末に180万円に値上がりしたときには，その差額30万円をまだ売却していなくとも時価の変動による評価差額が財務活動による業績を示す利益として営業外収益に計上します。逆に期末に140万円に時価が値下がりしたときには，10万円を営業外費用に計上します。

② 子会社株式・満期保有の社債等

2つめは国債券や社債券などのようにその債券の満期まで保有する場合があります。これは長期間にわたって保有する有価証券ですので，償還までの期間に価格が値上がりしたり，あるいは値下がりしても原則として購入した価格（取得原価）のままで計上します。また，他の会社を支配する株式（子会社株式）も同様に取得原価のままです。

但し，その時価が取得原価の半分以下に下がったときには，時価まで評価を引き下げなければなりません。

③ その他有価証券

3つめは，1及び2以外に有価証券を保有する場合があります。つまり会社同士がお互いの取引に関する友好関係を堅持したり，敵対的な買収を避けるために互いに株式を保有する持ち合い株などのその他有価証券のケースでは，期末に取得原価ではなくて時価で評価します。

しかし，1のケースと違って取得原価と時価の差額（評価損益）を損益計算書に計上しません。取得原価と時価の差額をすでに33頁で例示した貸借対照表のⅡにおける評価・換算差額等に直接的に計上します。

　但し，時価が著しく下落し取得原価の半分以下に下がったときには，例外的に時価まで評価を引き下げます。

有価証券 ｛ 売買目的有価証券：時価評価，取得原価との評価差額は営業外損益に計上
　　　　　 子会社株式，満期保有の社債等：原則として取得原価評価
　　　　　 その他有価証券：時価評価，評価差額は評価・換算差額等に計上

(2) デリバティブ取引

　さらに投資が進展しますと，株式・債券（金利・為替も含みます）などの金融商品から派生したデリバティブ取引があります。これは特に複雑ですので，そのなかで先物取引とオプション取引だけを取り上げます。

① 先 物 取 引

　先物取引とは，将来の一定期日に受け渡しまたは決済を予定する取引です。これには大豆・コーヒー・原油などの商品取引と，債券や株式などのデリバティブ取引があります。

　国債先物について説明します。いま1月31日に額面500万円の国債先物（その時点の時価は490万円）を証拠金5万円を支出して取得したと仮定します。その決済日は4月30日とします。3月31日の決算日に時価が495万円のときには，取得した時点での490万円との差額5万円を先物利益として計上します。4月30日の決済日に通常はその国債先物を現物の国債に替えません。それを反対売買します。それを497万円で売却したときには（ただ

し、ここでは売買手数料を無視します)、この売却価額497万円と決算日の時価495万円との差額2万円を先物利益として計上します。すでに支払った証拠金をバックしてもらいます。このように、国債先物価格の値上がりに基づいて決済時点より前の決算時点で5万円の先物利益を、決済時点で2万円の先物利益をそれぞれ計上します。国債先物の価格が値下がりしたときには先物損失を計上します。

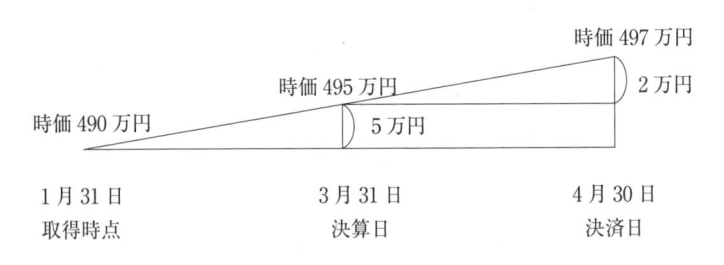

```
                                              時価 497 万円
                    時価 495 万円              ) 2 万円
時価 490 万円                      ) 5 万円

1月31日              3月31日              4月30日
取得時点              決算日                決済日
```

② オプション取引

オプション取引とは、一定期間中に農産物や株式・債券などを一定価格で購入したり、あるいは売却する権利をいいます。株式・債券などのオプションがデリバティブ取引です。これは少し複雑です。というのは、これには株式や債券などを買う権利(コール・オプション)と売る権利(プット・オプション)との2種類があるからです。

A コール・オプション

買う権利の買い手側は、何となくわかりやすいと思います。例えば日経平均株価10,000円で買う権利をオプション料100円で取得し、その後日経平均株価が11,000円に値上がりしたと仮定します。買い手がその買う権利を行使すれば、900円(1,000円(11,000円−10,000円)−100円)だけ利益が生じます。

しかし，日経平均株価が9,000円まで値下がりしたときには，買う権利を当然行使しません。行使するとオプション料を含めて1,100円（1,000円（10,000円−9,000円）＋100円））損をしてしまうからです。オプション料を支払った側は自分の有利なときにだけその権利を行使するはずです。

買う権利の買い手には必ず相手側がいます。これが買う権利の売り手です。この売り手はオプション料100円をすでに受け取っていますので，買い手側がその権利を行使すれば，それに応じる義務があります。その結果，日経平均株価が11,000円のときには900円の損をこうむります。日経平均株価がさらに上昇すると，こうむる損失はさらに拡大します。

日経平均株価が逆に9,000円まで値下がりしますと，すでに受け取ったオプション料100円が利益となります。オプションの買い手側と売り手側の損益分岐点は10,100円です。

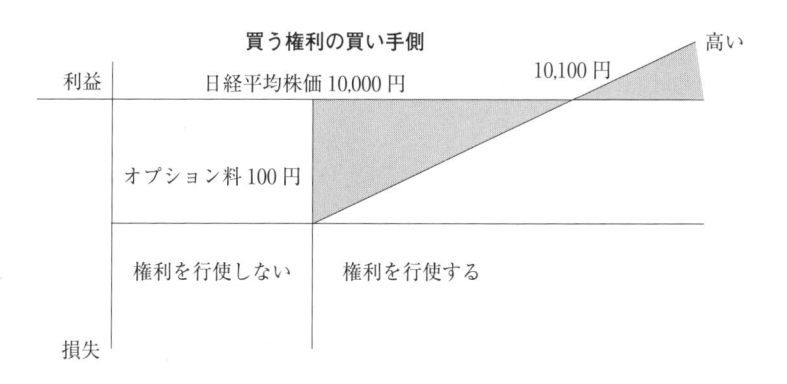

買う権利の買い手側

利益	日経平均株価 10,000円	10,100円	高い
オプション料100円			
権利を行使しない	権利を行使する		
損失			

2 投 資　59

買う権利の売り手側

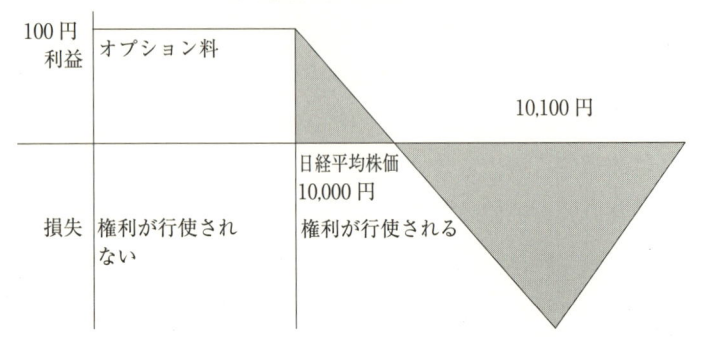

```
100円
利益  オプション料
                              10,100円
─────────────┬──────────────────────────
             │日経平均株価
             │10,000円
損失  権利が行使され  権利が行使される
      ない
```

B　プット・オプション

　ところが，わかりにくいのが売る権利の場合です。ここでも売る権利の買い手と売り手がいます。例えば日経平均株価が値下がりそうだと考える人がいれば，その株価が現在 10,000 円のときにあらかじめ 100 円のオプション料を支払って売る権利を買っておきます。その見込み通りに株価が 8,500 円まで値下がりしたら，その売る権利を行使して売却します。とすれば，1,400 円（1,500 円（10,000 円 – 8,500 円）– 100 円）の利益が生じます。逆にその株価が 11,000 円に値上がりしたら，売る権利を行使しません。単に 100 円のオプション料の支払分について損するだけです。売る権利の買い手側の損益分岐点は株価が 10,100 円のときです。

売る権利の買い手側

```
利益 │
     │＼        低い    10,200円              高い
─────┼──＼──────────────────────────────────── 債券の
     │    ＼  10,100円  ┌──────────────┐      市場価格
損失 │      ＼          │  オプション料 │
     │        ＼────────┴──────────────┘
     │
     ├──────────────────┬─────────────────
     │  権利を行使する  │ 権利を行使しない
```

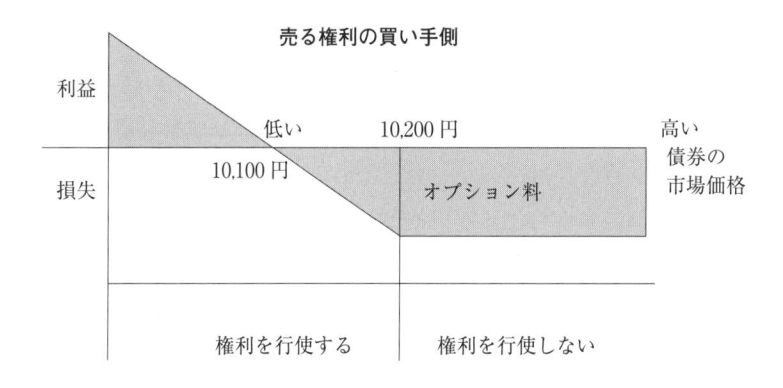

一方,売る権利の売り手は株価が8,500円に場合には1,400円 (100円 − (10,000円 − 8,500円))の損が発生しますし,株価が11,000円のときはオプションの買い手側は権利を行使しないはずです。受け取ったオプション料100円の利益が生じます。買い手と売り手の損益分岐点は10,100円です。

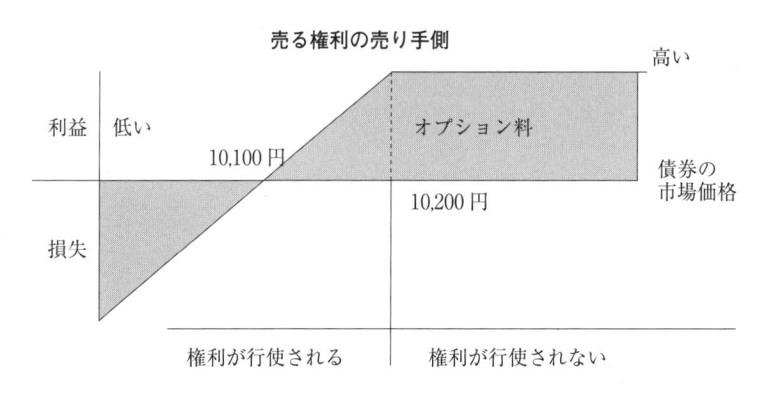

売る権利の売り手側

```
          高い
利益 │ 低い          ┌──────────────────┐
     │              │   オプション料    │
     │       ╱──────┤                   │
─────┼──────╱───────┴───────────────────── 債券の
     │    ╱10,100円 │  10,200円            市場価格
     │  ╱           │
損失 │╱             │
     │              │
     ├──────────────┬─────────────────────
     │ 権利が行使される │ 権利が行使されない
```

2 投 資　61

C ヘッジ会計　　これらのデリバティブ取引は，資産及び負債の価格変動や金利変動，さらにキャッシュフローの変動に対するリスク回避の手段としても利用されます。このような会計をヘッジ会計といいます。例えばヘッジ対象とする有価証券から生じる損益と，ヘッジ手段として用いる先物取引から生じる損益とを同一期間に計上し，前者を後者で相殺します。所有する国債の価格が下落傾向にあるときには，その債券先物取引であらかじめ売り付けておけば，前者の値下がりによる評価損を後者の先物価格の売り付けによる利益で相殺できます。

　金銭債権及び金銭債務とデリバティブ取引を総称して金融商品といいます。

③ 海 外 取 引

　今日の企業活動は国内だけの取引にとどまりません。その国際化に伴い，商品の購入及び生産のための材料購入，さらにそれらの販売などに関して外国との取引が欠かせません。為替取引の問題が生じます。次に，この処理について考えてみましょう。

(1) 外 貨 建 取 引

① 取引発生日の処理

　まず，アメリカへ 10,000 ドルの商品を輸出し，その代金を 4 ヶ月後に受け取るとします。その時点の為替相場は 1 ドルが 80 円です。売掛金として 800,000 円を計上します。

② 決 算 日 の 処 理

　2 ヶ月後に決算日を迎えた時点で為替相場が 1 ドルが 76 円とし

ます。そのときには円高となり、受け取るべき輸出代金が1ドルについて4円だけ減少しています。そこで、受取代金は760,000円（76円×10,000ドル）となり、売掛金は40,000円（4円×10,000ドル）だけ減少します。つまり、40,000円の為替差損が発生するのです。

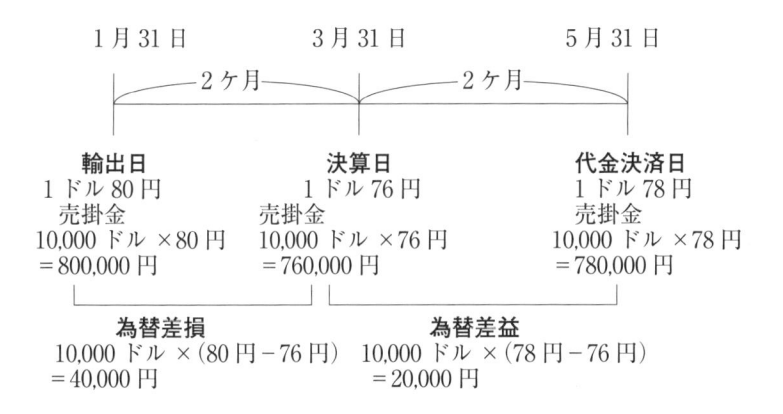

```
    1月31日           3月31日            5月31日
    ├────2ヶ月────┼────2ヶ月────┤

    輸出日            決算日            代金決済日
   1ドル80円         1ドル76円          1ドル78円
    売掛金            売掛金             売掛金
 10,000ドル×80円  10,000ドル×76円   10,000ドル×78円
  =800,000円       =760,000円         =780,000円

              為替差損                為替差益
    10,000ドル×(80円-76円)  10,000ドル×(78円-76円)
        =40,000円              =20,000円
```

　為替損益は会計上一種の財務取引とみなされます。その理由はこうです。日本の1年間の金利が例えば1%で、アメリカの金利が4%と仮定します。1月1日の為替相場は1ドルが80円とします。1年経過後の12月31日には1ドルは1.04ドルとなり、80円は80.01円となるはずですから、その結果、12月31日の為替相場は理論値で76.9円（80.01円÷1.04ドル）となり、円高が予想されます。このように為替の変動は両国の金利差とみることができます。したがって、輸出業者にとっては円高に伴う財務的活動から生じたこの金利としてこの為替損失を営業外費用に計上します。もちろん、為替相場はこの金利だけでなく、国の貿易収支や景気の動向などのいろいろな要因で変動します。

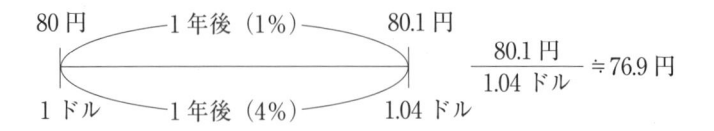

```
80円 ——1年後（1%）—— 80.1円
 |                              |          80.1円
 |                              |         ─────── ≒ 76.9円
 |                              |          1.04ドル
1ドル ——1年後（4%）—— 1.04ドル
```

③ 取引決済日の処理

その後，代金の決済時点に今度は1ドルが78円となったとします。決算日の1ドルが76円から78円に1ドルにつき2円だけ円安となったので，最終的な売掛金の代金決済は780,000円（78円×10,000ドル）となります。このため，決算時点の売掛金760,000円よりも20,000円だけ増加します。これは為替差益が発生したためで，営業外収益に計上します。

(2) 為替予約・通貨オプション

このような為替損益は外国の通貨を保有していたり，外貨建の貸付金及び借入金があるときにも発生します。その結果，この為替の変動による著しい損益をできるだけ回避することが，会社にとって大きな財務上の課題となります。その手段が為替予約や，すでに触れたデリバティブ取引のうちで通貨オプションなどです。前者は将来の代金決済日の為替相場をあらかじめ定める取引です。後者はあらかじめ定めた為替相場で特定の通貨の一定数量を購入する権利または売却する権利の売買取引です。

４ 企 業 結 合

　企業活動の多角化を進めるに際して企業結合が１つの有力な手段となります。例えば，これまで繊維業を専業としてきた企業が新たな業種への進出を検討するときに，一からその業種を始めるよりも，むしろその業種の一企業を合併・買収（merger & acquisition；M&A）するほうが時間もかかりませんし，無駄を省くこともできます。そういうわけで，企業結合が多角化を実施するときの大きなビジネスチャンスとなってきます。

（１）買　　収

　いま，資産28億円，負債10億円，資本金15億円，資本剰余金２億円，利益剰余金１億円の株式会社を20億円で買収したとします。そうしますと，この会社の帳簿上における純資産はトータルで18億円（資本金15億円＋資本剰余金２億円＋利益剰余金１億円）です。この純資産18億円の会社を２億円だけ多い20億円で当該会社を買収したことになります。つまり，この２億円はこの会社の帳簿上には示されていませんが，その会社の収益性，つまり利益獲得能力が同業他社よりも高いために支払う対価と考えられます。これをのれんといい，無形固定資産に計上します。

貸借対照表 （単位：億円）

資産	28	負債	10
		資本金	15
		資本剰余金	2
		利益剰余金	1
	28		28

買収額 20億円 ｝ 差額はのれん 2億円

帳簿上の純資産の額 18億円

　会社におけるのれんをどのように算定するかは企業評価に密接に関連します。一定の方法でこの企業価値を算定した結果，のれんの額が決まります。

　企業評価の方法として収益還元法があります。これには会社の平均利益額を適正な収益還元率で除して会社の全体価値を計算し，これから帳簿上の純資産額を控除する方法と，会社の平均利益額から同業他社の平均利益額を差し引いて超過利益をまず算出し，これを適正な収益還元率で除して計算する方法とがあります。

　株価を基準とする方法（株価法）があります。これは株価に発行済株式総数を乗じた金額で企業評価を算定します。

　さらに会社が将来もたらすと予想されるキャッシュ・フローの割引現在価値を用いる方法などがあります。

　買収を実施するにはかなりの手元資金が必要です。買収資金がありませんと，それはなかなか実行できません。しかし，自己資金が全くなくとも買収する方法が実はあります。これは買収される企業の資産を担保として資金を金融機関等から借り入れて買収する方法です。これをレバレッジド・バイアウト（leveraged buy out；LBO）といいます。買収される会社の信用力というレバレッジ（てこ）を利用した買収です。また経営者自身が会社を買収して上場を廃止するケースもあります。これをマネージメント・バ

イアウト (management buy out；MBO) といいます。

のれんは 20 年以内に定額法などで規則償却します。

(2) 合　　併

　合併も企業規模を拡大する有力な手段です。合併にはA社がB社を吸収しB社が消滅する吸収合併と，A社及びB社がともに消滅し，新たにC社を設立する新設合併とがあります。ただ，両社が消滅してしまうと，帳簿も全く新しくしなければならず，不便です。この理由から，実務上は法形式的に一方の会社が他方の会社を吸収する合併形態をとるのが一般的です。

　この合併には原則として次の2つのタイプがあります。

　1つは，一方の会社が他社を支配する関係にある合併です。ここでは会社の取得として処理します。このため，合併される会社側の資産及び負債をその帳簿価額ではなくて，その時価で評価替えします（これをパーチェス法といいます）。その結果，時価で評価した被合併会社の純資産10億円に対して合併会社が被合併会社に新株を発行し，それに伴う資本金として8億円を計上するときには，差額2億円が生じます。これが合併差益です。それは被合併会社が合併会社に出資した10億円の払込資本の額のうち資本金とならなかった金額を意味します。このケースで，合併会社が資本金8億円に代えて，それを上回る資本金11億円を計上するときには，1億円の差額が発生します。これもまたのれんです。

　これに対して，他の1つは共通支配下の取引で，親会社と子会社との合併あるいは子会社同士の合併です。ここでは合併の前後で同一の企業により最終的に支配されておりますので，合併され

る会社の帳簿価額をそのまま引き継ぎ時価による評価替えをしません（これを持分プーリング法といいます）。このため，ここでは合併差損益は発生しません。

合併の種類	他会社を支配する合併（取得）	被合併会社の資産及び負債の時価評価（パーチェス法）	合併差損益が発生
	親会社と子会社の合併・子会社同士の合併（共通支配下の取引）	被合併会社の資産及び負債の帳簿帳簿で評価（持分プーリング法）	合併差損益は発生しない

なお，合併ではありませんが，複数の独立した企業が共同で他企業を支配する共同支配企業による企業結合の場合にも，支配関係はありませんので持分プーリング法で処理します。

5 リース取引

固定資産に関して会社はそれを取得するのが普通です。しかし，一度に巨額の資金を固定資産に投資しますと，資金不足に陥ったり他の営業活動が制約される可能性もあります。リースですと，毎月のリース料が一定であり，資金繰りがある程度楽になるからです。つまり，取得したと同じくらい長期間リースすれば，借り手側は結果的には購入と同様の経済的効果があります。このリースをファイナンス・リースといいます。したがって，借りているリース物件の所有権はありませんが，借り手側は経済的に利用権をもちますので，固定資産と同様にリース資産として計上します。ただし，その計上の方法は，毎月支払うリース料を一定の割引率で除した額の総額をリース資産及びリース負債として計上します。

例えば毎年のリース料が1,200万円で4年のリース期間で割引

率を6%であるとすれば，次の計算でリース資産及びリース債務を計上します。

$$\frac{1,200万円}{1+0.06} + \frac{1,200万円}{(1+0.06)^2} + \frac{1,200万円}{(1+0.06)^3} + \frac{1,200万円}{(1+0.06)^4} \fallingdotseq 4,237万円$$

ファイナンス・リースの条件は，リース契約によるリース期間中はその契約の解除ができない点と，借り手側は自己がリース物件を利用する際にその使用で生じるコストについては自己負担となる点です。例えば自動車をリースしたら当然使ったガソリンは借り手の自己負担となります。このファイナンス・リースにはリース契約の終了時点でリース物件の所有権が借り手側に移行するタイプと，所有権が移転しないタイプとがあります。前者では，自己保有の固定資産と同様に減価償却します。

このファイナンス・リースに対立しますのがオペレーティング・リースです。これは皆さんにとっておなじみのレンタカーやCDレンタルなどによる賃貸借契約によるリースです。借り手側は支払った期間の賃借料として費用処理します。

6 会社のグループ化

企業規模の拡大に伴い，事業経営の合理化及び多角化などの理由で会社をグループ化することが少なくありません。すでに触れた買収による子会社化がその一つです。以下，このグループ経営上の問題について説明します。

(1) 子会社と関連会社

　法人格が別な会社の株式保有によりグループ化し，支配・従属に基づいて親会社・子会社の関係が生じたときには，そのグループ全体に関する連結財務諸表を作成しなければなりません。グループ全体の財務状況が投資家の投資意思決定に大きな影響を及ぼすからです。

　問題は子会社かどうかの判定基準です。これについて現在は支配力基準を採用しています。取締役等の派遣による取締役会の支配や多額の融資による実質的支配があるかどうかが決め手となります。このため，議決権の過半数を下回っていても，その会社を実質的に支配していれば，子会社に該当します。ただし，破産会社や更生会社などは子会社から除きます。また，子会社であっても支配が一時的であったり，グループ全体に占める規模がきわめて小さい会社は非連結子会社となり連結の対象となりません。

　子会社ではありませんが，会社の財務及び営業または事業の方針決定に影響力のある会社を関連会社といいます。基本的に議決権の20％以上を実質的に所有するケースがこれに当たります。

連結子会社	支配力基準で連結の対象となる子会社
非連結子会社	子会社であるが，連結の対象から除かれる子会社
関連会社	子会社ではないが，議決権の20％以上を実質的に所有し影響力のある会社

持分法の適用

　非連結子会社及び関連会社は連結の対象から外れます。しかし，その財務業績はグループ全体に与えますので，それらの会社の業績のみを投資有価証券に対する評価の一環として持分法で反映さ

せます。例えば親会社が60％の株式を保有する非連結子会社が1,000万円の利益を上げれば，その60％である600万円分だけ非連結子会社の投資額を引き上げて連結グループ全体の連結利益が増加します。25％出資する関連会社が600万円の損失を計上したときには，その会社の投資額を150万円だけ減額し連結利益がその分だけ減少します。

連結グループの対象

```
                    親会社の投資勘定で持分比率に
                    応じて業績を反映
┌─────────┐
│  親会社  │ ←─────────────────┐
└─────────┘                    │
   ↑   ↑                        │
┌──────┐ ┌──────┐    ┌──────────┐ ┌────────┐
│子会社│ │子会社│    │非連結子会社│ │関連会社│
└──────┘ └──────┘    └──────────┘ └────────┘
                         └──────┬──────┘
(資産及び負債を合算)         連結グループの対象外
                         (持分法を適用し，資産及び
                          負債を合算しない)
```

(2) 連結貸借対照表

① 投資勘定と資本勘定の相殺

連結財務諸表を作成する場合，連結貸借対照表で問題となりますのは，親会社の子会社に対する投資金額と子会社の純資産との相殺です。たとえば，親会社（資産100億円，負債35億円，資本金65億円）が子会社（資産55億円，負債25億円，資本金30億円）の株式100％を30億円で取得したとします。

親会社の貸借対照表 (単位：億円)				子会社の貸借対照表 (単位：億円)			
資産	100	負債	35	資産	55	負債	25
		資本金	65			資本金	30
	100		100		55		55

　親会社と子会社の貸借対照表を連結すると，資産負債及び純資産もすべて加算すればよいのではないかと思いがちです。しかし，そうではありません。買収のときと同様に親会社からみれば，子会社の純資産30億円（資産55億円－負債25億円）を30億円で取得したのです。連結するときには親会社が投資した金額30億円と子会社の純資産を相殺しなければなりません。その結果，連結したときにはグループ全体の資産総額は親会社70億円（子会社への投資額30億円は100億円からマイナスします）と子会社の資産55億円の合計125億円です。負債総額は両会社の合計60億円（親会社35億円＋子会社25億円）です。資産総額と負債総額の差額としての純資産はグループ全体で65億円です。この数値は実は親会社の資本金とイコールとなります。

連結貸借対照表　　（単位：億円）

資産	(70＋55)	125	負債	(35＋25)	60
			資本金		65
		125			125

　このように，連結貸借対照表の作成において親子間の資産及び負債は単純に加算すればよいのです。ただし，両社間で資金の貸し付けまたは借入れがあるときには，法的には権利義務が成立していますが，経済的には資金の移動にすぎません。このため，貸

付金と借入金を相殺します。

② の れ ん

上記の例で親会社が子会社の株式を30億円でなく40億円で取得したと仮定します。その場合は10億円高く取得したのですから，それに相当するのれんが発生します。

連結貸借対照表　　（単位：億円）

資産　（60＋55）	115	負債　（35＋25）	60
のれん	10	資本金	65
	125		125

③ **少数株主持分**

さらに親会社が子会社の株式を100％ではなく，60％取得したときには親会社以外の子会社だけに出資するグループがいます。これが少数株主です。この持分を区別して把握する必要があります。上記の例で親会社が子会社の株式60％を18億円で取得したときには，子会社の純資産30億円に対する親会社の持分はその60％，つまり18億円です。その場合には親会社の投資額18億円と一致し，のれんは発生しません（ただし20億円で取得したときには2億円ののれんが生じます）。少数株主持分は子会社の純資産30億円の40％，つまり12億円となります。新たにその少数株主持分を連結貸借対照表上に示します。

連結貸借対照表　　（単位：億円）

資産　（82＋55）	137	負債　（35＋25）	60
		資本金	65
		少数株主持分	12
	137		137

この少数株主持分は、その後子会社が利益を獲得したときには持株比率に応じてその持分が増加し、配当を受け取ると減少します。

④ 経済的単一説と親会社実体説

貸借対照表の表示上における少数株主持分の取扱については、グループ全体にとっての出資者の一部とみなし、親会社の株主と親戚とみなして同列に扱う考え方を経済的単一説といいます。この考え方では少数株主持分は連結貸借対照表における純資産の部に示し、これが現在では採用されています。

これに対立する考え方は、グループの主体はあくまで親会社の株主であるという考え方です。これを親会社実体説といいます。これによりますと、連結貸借対照表における純資産のなかには少数株主持分は含まれません。それは親会社の株主には他人とみなされ、負債と純資産の中間に示されます。

親会社が子会社を取得した時点で、子会社の資産及び負債の帳簿価額が時価と相違しているときには、時価による評価替えをしてから親会社の投資額と子会社の純資産額との相殺を実施します（全面時価評価法）。

(3) 連結損益計算書

連結損益計算書の作成では次の処理が不可欠です。

① 両社間での取引は法的には取引が成立していますが、グループ全体においては経済的な取引ではありません。そこでその取引を相殺消去します。

② 両社間で行われた取引のうち、そのなかにまだ実現していないものがあれば未実現損益を消去します。

いま簡単な例でこれを説明します。親会社が100%保有の子会社に対して原価100万円の商品を売価120万円で販売し，子会社は当該商品をまだ在庫しているとします。親会社の個別損益計算書では売上120万円と売上原価100万円との差額20万円の利益をすでに計上済みです。

　連結では両者間の取引を消去し，この商品をまだ子会社はグループ全体の外部に販売しておりませんので，グループの利益は計上できません。子会社がグループ全体の外部者に180万円で販売してはじめてグループの実現利益80万円（180万円−100万円）を計上します。子会社がこの商品をまだ在庫しているときには，未実現利益20万円の段階です。そこで，この金額を控除します。

連結グループ

```
            持分100% 取得
    ┌─────┐           ┌─────┐         連結グループ
    │親会社│           │子会社│         外部へ販売
    └─────┘  商品販売  └─────┘      売　価 180万円
                                       原　価 100万円
原価 100万円    仕入 120万円          実現利益 80万円
売価 120万円   （未実現利益 20万円）   （20万円＋60万円）
```

　上記の例で親会社が子会社株式の60％を保有しているときには，未実現利益20万円をすでに説明しました経済的単一説の考え方に従い，持分比率に応じて親会社は60％の12万円を負担し，残りの40％の8万円は少数株主が負担する方式です。これは，子会社が親会社に商品を販売したケースも同様に親会社がその商品を在庫しているときにも同様に，持分比率に応じて未実現利益を控除します。

　この未実現損益は親会社及び子会社の間における固定資産の売

買取引でも発生します。

　連結当期純利益と親会社単体の当期純利益との比率を連単比率といいます。例えば，これが２：１であれば，親会社の２倍の利益がグループ全体で得られているわけで，業績の良い子会社が多いことを意味します。逆に，連単比率が１：２であれば，グループ全体のなかで業績の良くない子会社が足を引っ張っていることになります。

(4) 包括利益の表示

　上場会社は国際会計基準との関連で連結損益計算書における当期純利益のほかに包括利益の開示が義務づけられています。包括利益とは純資産の変動額のうちで株主との取引以外の部分です。個別損益計算書における評価・換算差額等で示される要素を連結損益計算書ではその他の包括利益として示します。それを式で示せば次の通りです。

　包括利益＝包括主義の連結当期純利益＋その他の包括利益

　包括利益計算書には次の２つの方式があります。
　① １計算書方式
　これは当期純損益とその他の包括損益を１つの計算書で示す方式です（これを連結損益及び包括利益計算書といいます）。
　② ２計算書方式
　これは従来の連結損益計算書と，連結包括利益計算書を二本立てにして示す方式です。

1 計算書方式
連結損益及び包括利益計算書

少数株主利益（控除）	×××
当期純利益	×××
少数株主利益（加算）	×××
少数株主損益調整前当期純利益	×××
その他の包括利益：	
その他の有価証券評価差額金	×××
持分法適用による持分相当額等	×××
その他の包括利益合計	×××
包括利益	×××

2 計算書方式
A　連結損益計算書

少数株主損益調整前当期純利益	×××
少数株主利益（控除）	×××
当期純利益	×××

B　連結包括利益計算書

少数株主損益調整前当期純利益	×××
その他の包括利益：	
その他の有価証券評価差額金	×××
持分法適用による持分相当額等	×××
その他の包括利益合計	×××
包括利益	×××

VI 会社の決算

1 決算の必要性

　これまで決算について個人事業及び株式会社についてごく簡単に触れてきました。しかし，実際にはこの決算作業は単純ではなく，大変な作業を伴います。というのは，日常的にすでにパソコン等に入力されている会計データを，定期的に（例えば四半期ごとあるいは1年ごと）財務諸表作成において資産及び負債，純資産，収益及び費用のすべてを適切な数値とするための修正手続が不可欠だからです。言い換えますと，この決算による手続が完了するまではデータ記録はまだ暫定的なものにすぎず，必ずしも正しいとはいえまん。

　例えば，現金に関して考えてみましょう。家計の家計簿と同様に，帳簿記録のうえでは現金残が2,500万円あるとしても，その金額が実際あるとは限りません。実際には2,485万円しかないというケースもあります。そうしますと，2,500万円という記録上

の金額は正しくありませんので,その差額15万円の原因を究明する必要がでてきます。この15万円の現金支出に関するデータ入力を担当者が忘れていたという単純ミスもありますし,出張旅費に対する金額10万円を出張者に手渡したが,まだデータ入力担当者にその書類が届いていないケースも考えられます。その差額の原因が判明すれば,特に問題はありません。

しかし,いくら調査しても5万円の差額の原因だけはどうしてもわからないケースも実は実務上少なくありません。その場合には実際にある現金の金額2,485万円に帳簿記録を訂正する必要があります(これを現金過不足といいます)。これと同様な問題が会社の当座預金の残高と,銀行の当座預金残高とに関して発生します。銀行から当座預金残高証明書を発行してもらい,会社の当座預金残高との照合が必要となります。

現金及び預金以外にこのような作業が不可欠です。膨大な会計データすべてに関してこのような作業をすれば,当然かなりの時間がかかります。

② 主な決算手続

以下において,重要な決算手続について説明します。

(1) 資産に関連する項目

現金預金以外の資産に関しては,主に次の事項があります。

① 受取手形・売掛金等の評価

受取手形及び売掛金などのように,将来の収入をもたらす債権については,代金の回収不能部分を見積計上して控除して評価し

なければなりません。その場合，債務者の財務状態に応じて3つに分けて貸倒引当金を設定します。
1) 特に債務者の財務状態に問題がない債権（一般債権）
この債権については過去の貸倒実績率で設定します。
2) 債務者の財務状態に問題のあるイエローカード的な債権（貸倒懸念債権）
この債権については，債権の元利金に対する割引現在価値あるいは担保及び保証による回収見込額で評価し，債権の帳簿価額との差額を貸倒引当金として設定します。
3) 債務者が実質的に破綻し代金回収がかなり困難なレッドカード的な債権（破産・更生債権等）
この債権については，担保または保証の金額で債権を評価し，帳簿価額との差額を貸倒引当金として設定します。担保または保証がないときには，債権の帳簿価額の全額を償却する必要があります。

債権の評価 (回収可能額)	一 般 債 権	過去の貸倒実績率を控除した額
	貸倒懸念債権	債権の元利金の割引現在価値または担保及び保証による回収見込額
	破産・更生債権等	担保または保証の額

このように，1）から2），2）から3）になるほど貸倒リスクが高くなり，計上すべき貸倒引当金の額も一段と多くなり財務内容を悪化させる原因となります。

② **棚卸資産の評価**

商品及び製品などの棚卸資産については決算において次の処理

が必要となります。

1) 帳簿数量が実地数量と一致しているかどうかを確認しなければなりません。その差異があるときには棚卸減耗数量を確認し、それに単価を乗じて棚卸減耗損を計上します。
2) 商製品が正常な状態で売却できるのか、傷がついていたり品質が不良となっていないかをその物質的な面から確認します。
3) すでに流行遅れなどにより陳腐化していないかをチェックします。たとえ商製品に物質的に欠陥がなくとも、経済的な面から価値が減少しているときには、早くバーゲンセールなどで売却し不良在庫とならないようにします。
4) 時価が原価よりも低くなっているときには、売却すると仮定した場合の時価まで評価を引き下げます。

2)から4)のように、いずれも商製品の利益獲得能力(収益性)が低下したときには、その商製品から回収できる金額(回収可能性)で評価します。その結果、評価損を計上します。

③ 固定資産の評価

A 資本的支出と収益的支出

固定資産の取得後にいろいろな支出がかかります。例えば、固定資産の維持に必要な支出を収益的支出といい、当期の修繕費に計上します。これに対して、固定資産を改良したりリフォームした結果、固定資産の耐用年数が延長したり固定資産の居住性や性能を高まるときには資本的支出であり、その支出額を固定資産の取得原価に算入します。後者はこれから説明します減価償却の対象となり、将来の利用期間にわたって徐々に費用化していきます。

両者の区別につきましては実務上難しい問題があります。ある会社が建物のリニューアルに5億円かかったとします。会社はそ

のうちで収益的支出に相当する金額を4億円，資本的支出に相当する金額を1億円として処理しました。しかし，税務調査の結果，収益的支出に該当する金額は2億円，資本的支出に該当する金額が3億円と認定されますと，会計上の修繕費としての4億円を2億円に修正しなければなりません。その結果，当期に計上した過大な修繕費について2億円の利益に対する過少申告となります。それを修正しますと，この金額に見合う税額をさらに納付する必要があります。

	2億円の損金否認	
会社側の処理	修　繕　費　4億円 （収益的支出）	改築（資本的支出） 1億円
税務当局の判断	修繕費2億円	改　築　3億円

B　減価償却

使用または時の経過によって価値が減少していく固定資産については，減価償却を計算します。これは固定資産の取得原価，その将来の除却時点における処分価値を示す残存価額，使用できる期間を示す耐用年数の3つの要素で計算します。特に使用期間については，会社がどのくらいの期間にわたってその固定資産を将来的に利用する予定なのかを考慮して計算します（個別的耐用年数）。税法では耐用年数については課税の公平性から固定資産の一般的耐用年数を定めており，それに基づいて減価償却費を計上します。この減価償却は，固定資産に支出された取得原価の金額をその利用期間にわたって配分する手続です。これを原価配分の原則といいます。

1) 定額法・定率法・生産高比例法

利用期間にわたって均等額を計上する減価償却の方法を定額法といいます。例えば，取得原価10万円の固定資産があり，その耐用年数が5年，残存価額が1万円としますと，次のように計算します。

毎年の減価償却費 =（100,000円 − 10,000円）÷ 5年 = 18,000円

毎年一定率を用いて減価償却する方法を定率法といいます。この一定率は次のように計算します。

$$償却率 = 1 - \sqrt[5]{\frac{10,000}{100,000}} \fallingdotseq 0.369$$

1年目の減価償却費 = 100,000円 × 0.369 = 36,900円
2年目の減価償却費 =（100,000円 − 36,900円）× 0.369 = 23,284円
3年目の減価償却費 =（63,100円 − 23,284円）× 0.369 = 14,692円
4年目の減価償却費 =（39,816円 − 14,692円）× 0.369 = 9,270円
5年目の減価償却費 =（25,124円 − 9,270円）× 0.369 = 5,854円

この定率法ですと，固定資産の初期段階で定額法に比べて多額の減価償却費を計上でき，耐用年数が近づくにつれて今度は逆にその金額は極端に減少します。

定額法及び定率法のように期間を配分基準とする方法のほかに，固定資産の実際利用度を物量的に測定できれば，自動車の総走行距離数，飛行機の総飛行時間数，機械の総運転時間数などとそれぞれの固定資産の利用度との割合で減価償却費を計算する生産高比例法もあります。例えば取得原価300万円のタクシー車は最大で20万キロメートル走行できると仮定し，当期中に4万キロ

メートル実際に走行したときには，300万円×4万キロ÷20万キロ＝60万円を減価償却費として計上します。

2) 個別的耐用年数と一般的耐用年数の比較

先ほど触れましたように，耐用年数を会社が独自に想定した個別的耐用年数を用いたケースと，税法上の一般的耐用年数を用いたケースとを比較してみます。民間のタクシー会社が保有するタクシーは首都圏では1日に約250キロメートル走行するといわれています。年間では約9万キロメートル，だいたい2年後にポンコツとなるようです。そこで，タクシー1台の取得原価が300万円，耐用年数を2年，残存価額ゼロで定額法で償却するケースと，法定耐用年数6年を用い，その他の条件は同じとして償却するケースとを比較してみましょう。

個別的耐用年数2年を用いますと，300万円の取得原価を2年間で負担するのですから，各年度の減価償却費は150万円です。2年経過した地点で予測通りポンコツとなり，2年間であわせて300万円の減価償却費を計上しました。ここでは償却不足は発生しません。

ところが，法定耐用年数6年を用いて計算しますと，毎年の減価償却費は50万円（300万円÷6年）です。その結果，2年経過後には償却した額はまだ100万円にすぎません。このため，残りの200万円について償却不足が発生します。これを2年目の期間が負担しなければなりません。このように，個別耐用年数ではなくて，法定耐用年数を適用しますと，償却不足の原因で各期間の負担額が大きく変動してしまいます。ですから，会計上は個別的耐用年数を用いるのが妥当です。

3) 固定資産の流動化

減価償却をしますと,固定資産の耐用年数が到来したときには,固定資産が流動化します。いま,個人タクシーが利用する車両の取得原価が300万円,残存価額が0,耐用年数5年,定額法で償却するとします。この個人タクシーの毎年の運送収入がかりに60万円だとします(ここでは燃料費などの問題は除きます)。車両を購入した時点の貸借対照表は以下の通りです。

貸借対照表 (単位:万円)

車両	300	資本金	300

毎期60万円(300万円÷5年)の減価償却を実施しますと,1年目及び5年目の貸借対照表は以下のようになります。

貸借対照表(1年後) (単位:万円)

現金	60	資本金	300
車両	240		
	300		300

貸借対照表(2年後) (単位:万円)

現金	120	資本金	300
車両	180		
	300		300

貸借対照表(5年後) (単位:万円)

現金	300	資本金	300

このように,少なくとも減価償却費に相当する流動資金が増加していけば,固定資産の耐用年数が到来したときに,固定資産の取得原価300万円は現金またはそれに類似する流動資金に転換します。これを固定資産の流動化といいます。

4) 減価償却の自己金融効果

また,減価償却費は現金支出を伴わずに費用計上できますので,会社の流動資金の留保に役立ちます。これが減価償却の財務的効

果です。つまり，金融機関から借入れをせずに，会社自体で資金を留保することができますので，これを，自己金融効果ともいいます。上記の例では5年経過後に現金300万円があります。車両の価格が前と同じ300万円のままで変わらなければ，その時点で新車を購入することができます。

上記の例で車両1台ではなくて，会社タクシーとして10台でスタートするとしましょう。

貸借対照表　(単位：万円)

車両	3,000	資本金	3,000

1年後の減価償却費は600万円（60万円×10台）です。そこで，この600万円でさらに車両を2台購入できますね。すると，2年目は12台で営業できます。2年後にまた減価償却費720万円（60万円×12台）を計上します。この720万円でさらに2台購入できます。3年目は14台で営業できます。これを繰り返していきますと，5年後にはスタートとして10台の車両が約2倍近くまで増えます。

このような一定の条件（減価償却費に相当する額は現金であり，しかも固定資産の取得原価は変わらないなどの条件）のもとで減価償却のもつ自己金融効果をローマン・ルフチ効果といいます。この2人のドイツ人が主張した考え方は，第二次世界大戦後におきまして西ドイツ経済における奇跡の復興に大きな威力を発揮しました。

C　固定資産の減損

不動産などの固定資産の収益性が低下し，その帳簿価額を回収可能額まで評価を引下げる処理を固定資産の減損といいます。その引き下げる

際のベースとなる回収可能額は、その資産を売却したときに得られる金額（正味売却価額）と、その資産を利用し続けたときに得られる現金流入の総額を現時点に割り引いた金額（使用価値）とを比較し、いずれか高い有利な金額（回収可能額）です。

いま賃貸用建物の帳簿価額が現時点で400万円で、当初はあと4年間にわたり毎年120万円の家賃収入（トータルで480万円）が確実に入ると見込んでいました。しかし、隣に同様の新築の賃貸用建物ができその賃貸料が割安なため、当初の家賃を引き下げて毎年の収入額を80万円としなければならない状況になったとします。そのような場合には、引き下げた時の今後の収入見込総額は320万円（80万円×4年）となります。このため、この予想収入額320万円が帳簿価額400万円を下回りますので、減損を計上する必要があります。この建物を直ちに売却したときの金額が250万円、建物を従来通り賃貸し続けたときに得られる毎年得られる80万円の収入額を割引率3％で割り引いて以下のように計算します。

$80万円÷1.03+80万円÷1.03^2+80万円÷1.03^3+80万円÷1.03^4≒約297万円$

その結果、今直ちに売却するよりもそのまま賃貸し続けたほうが有利ですから、減損額は103万円（400万円−297万円）です。

当初の賃貸収入の見込み

賃貸用建物	120万円	120万円	120万円	120万円	合計480万円
	1年目	2年目	3年目	4年目	
（帳簿価額400万円）	80万円 +	80万円 +	80万円 +	80万円 =	合計320万円

現時点における賃貸収入の見込み

① 帳簿価額400万円＞賃貸収入見込額320万円なので，減損を計上します。
② 減損額＝400万円－回収可能額 ＝103万円

$$\left\{\begin{array}{l} a \quad 正味売却価額\ 250万円 \\ b \quad 使用価値\quad\quad 297万円 \end{array}\right\}のうち高い金額は297万円$$

(2) 負債の評価
① 引　当　金
1) 引当金の種類と根拠

負債の評価として重要なのが引当金です。この引当金には貸倒引当金のように，資産のマイナスを示す引当金（これを評価性引当金といいます）と，すでに説明した賞与引当金のように負債の部に計上する引当金（これを負債性引当金といいます）とがあります。多くの引当金は後者です。これには例えば製品保証引当金，返品調整引当金，修繕引当金，特別修繕引当金，退職給付引当金などがあります。皆さんがもっているはずのポイント・カードを利用しますと購入代金の一部を減額してもらえます。販売側はこの売上高のマイナスと見込まれる金額をポイント引当金として計上します。

このような引当金を計上するのは，例えば製品保証引当金に関していえば将来に無償による修繕支出があっても，その支出額はその期間が負担すべき費用ではありません。なぜなら，その将来支出の原因はその製品を販売した期間にあり，本来その期の収益が負担すべき費用だからです。このため，将来に生じうる可能性の高い無償による修繕支出をあらかじめ当期に計上しておく必要があるわけです。このような考え方を費用収益対応の原則といい

2) 退職給付引当金

引当金のうちでやや計上が複雑なのが退職給付引当金です。従業員が一定の年金額を受け取ることができる制度（これを確定給付型年金制度といいます）では，まず，従業員が将来受け取る予定の退職一時金及び退職年金の総額を現在時点に割り引いて退職給付債務を計算します。次に，この金額から企業年金に対して外部に積み立てて運用している年金資産の公正な評価額（時価）を控除して退職給付引当金を計上します。

退職給付引当金＝退職給付債務－年金資産

例えば，5年間勤務すると1,000万円の退職金を受け取ることができるとします（但し，この例では年金はないものとします）。各年度の負担額は200万円です。ですから，その人が1年間勤務すると，会社は名目額で200万円の退職給付債務が発生します。

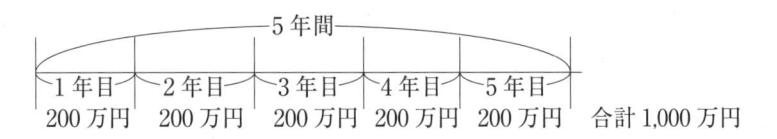

```
|―――――――――5年間―――――――――|
|―1年目―|―2年目―|―3年目―|―4年目―|―5年目―|
 200万円  200万円  200万円  200万円  200万円   合計1,000万円
```

しかし，それを受け取ることができるのは4年後です。その割引価値は，割引率（これは期末時点の市場利回りを用います）を3％とすれば，200万円÷$(1.03)^4$≒177.7万円です。2年目も同様に計算すると，200万円÷$(1.03)^3$≒183万円となります。さらに1年目の退職給付債務の額177.7万円に3％の利息，つまり5.3万円が増加しますので，その分を含めると，退職給付債務は2年経過後には合計で366万円（177.7万円＋183万円＋5.3万円）とな

ります。この金額は2年間の退職給付債務の名目額400万円を$(1.03)^3$で除した金額とイコールとなります。このような退職給付債務の額366万円から、年金資産として会社が期末に拠出し企業外部で運用している額100万円を差し引いた266万円が退職給付引当金の額となります。

今度は損益計算の面から考えます。

1年目経過後の名目額200万円は4年後に受け取ることができるので、現在価値に割り引くと、200万円÷$(1.03)^4$≒177.7万円です。この金額はこの期間の勤務費用であり、同時に退職給付債務の増加です。

2年経過後も同様に名目額200万円を3年後に受け取ることができます。その現在価値は200万円÷$(1.03)^3$≒183万円です。これがこの期間の勤務費用であり、同時に退職給付債務の増加です。

1年後の退職給付債務177.7万円は1年経ちましたので、それに関する新たな利息費用が発生します。これは次のように計算します。

　　利息費用＝177.7万円×3%≒5.3万円

この利息費用も退職給付債務の増加をもたらします。

一期間の退職給付費用は次のように計算します（但しここでは年金資産の運用収益を考慮していませんが、考慮すれば退職給付費用はその分だけ減少します）。

　　退職給付費用＝勤務費用＋利息費用

その結果、2年経過後の退職給付債務は1年目の177.7万円に2年目の勤務費用183万円と利息費用5.3万円を加算した約366

2 主な決算手続　91

万円となります。この金額は，2年間の名目額400万円を $(1.03)^3$ で割り引いた金額と一致します。

年金資産の運用が株価の低迷や低金利などの場合には，会社の負担額は増加します。それを避ける年金制度もあります（これを確定拠出型年金制度といいます）。ここでは会社側は一定の額しか負担せず，従業員が自らの責任で年金部分を種々のタイプ（ハイリスクの株式や債券かあるいはローリスクの債券など）から選択して運用する制度です。

3） 損失性引当金

引当金には，その他に損害補償損失引当金や債務保証損失引当金もあります。これらの引当金は，保守主義の見地から会社が損害補償あるいは債務保証を実施しなければならない可能性が高くなった時点で計上します。単に訴訟がおきたり，債務保証をした段階ではまだ確定した負債ではありませんから，負債として計上する必要はありません。

② **資産除去債務**

例えば原子力発電所の解体や化学製品の製造で使用する工場用土地の売却に際して有害物質の除去などに典型的なように，有形固定資産の除去に債務が発生するケースがあります。その場合には，将来かかるそのコストをあらかじめ取得時点で見積り，それを現在価値に割り引いた金額を固定資産の取得原価に含めて計上します。例えば，取得原価が1,000万円の設備に関して，5年後の除去に際して100万円の資産除去債務がかかるとしますと，5年後の100万円を現在価値に割り引けば（100万円÷$(1.03)^5$），約86.2万円となります。この額を取得原価に加えた1,086.2万円をベースとして減価償却します。

| 1年 | 2年 | 3年 | 4年 | 5年 |

除去時点

取得原価 1,000 万円

資産除却損の見積額 100 万円

この 5 年後の 100 万円を現時点の現在価値に割り引く＝100 万円÷$(1.03)^5$≒86.2 万円

(3) 収益及び費用

① 見越項目と繰延項目

会計上，経費の未払がある場合に関してすでに説明しましたように，当期の費用に計上すべき項目は必ずしも当期の支出額とイコールではありません。財貨または用役が消費されたときには，まだ支出がなされていなくとも費用に計上します。未払費用がこの典型です。同様に賃貸用住宅を貸し，まだその家賃収入を受け取っていなくとも，すでにサービスを提供したときには，未収家賃（未収収益）を計上します。このような未払費用及び未収収益を見越項目といいます。

すでに支出をしても，それに伴うサービスを受けていないときには支出額を当期の費用に計上せず繰り延べます（繰延費用）。同様にすでに代金を受け取っても，まだサービスを提供していないときには，その収入額を当期の収益に計上せず次期の収益として繰り延べます（繰延収益）。このような項目を繰延項目といいます。

上記項目の修正が決算時点で必要です。

支出の繰延（前払費用）→資産に計上	
収入の繰延（前受収益）→負債に計上	
支出の見越（未払費用）→負債に計上	
収入の見越（未収収益）→資産に計上	

　ただし，これらの見越項目及び繰延項目の金額に重要性がないときには，より簡便的な処理も認められます。現金の支出及び収入による処理です。このような考え方を重要性の原則といいます。その結果，そこでは帳簿にはない資産及び負債がでてきます。これを簿外資産及び簿外負債といいます。

② **長期請負工事**

　建設会社などが長期間にわたって工事を請け負うときには，収益及び費用に関して，通常とはやや異なる処理が必要となります。長期工事に関して商品売買などと同様に販売時点で収益を計上するとすれば（これを販売基準もしくは実現主義といいます），その工事が完成し建物等を引き渡した時点で収益を計上します（これを工事完成基準といいます）。しかし，例えば4年間もかかる長期工事にこの基準を適用しますと，収益の計上時期が遅くなり，工事に着手してから3年間は全く収益を計上することができません。会社の業績を判断するときには，この工事完成基準では収益の計上があまりに遅くなり問題があります。

　そこで，工事収益総額，工事原価総額及び工事の進行度合いの3つの要素ともしっかり確実に見積もることができるときには，工事完成基準に代えて工事進行基準を適用します。例えば，工事収益総額が100億円，工事原価総額が80億円，工事の完成度合いが20％だとすれば，20億円（100億円×20％）の工事収益を計上します。

上記の3つの要素を信頼性をもって確実に把握できないときには，工事完成基準を適用します。

　ただし，工事完成基準及び工事進行基準のいずれも工事契約から損失の発生が確実に見込まれるときには，工事損失引当金を計上します。

Ⅶ 会社法の会計

1 計算書類

　すでに金融商品取引法の会計で説明しました上場会社の会計はそのまま会社法の会計となります。両者の間には会計規定において差異はありません。基本的にはまだ上場しておりません中小会社でも同様です。すべての会社は一般に公正妥当と認められる企業会計の慣行に従うことが要求されるからです。ただ，この中小会社には「中小企業の会計に関する指針」(平成23年版)をベースとした会計指針が公表されています。そこでは上場会社の会計を一部簡便化した処理が認められています。

　会社法は金融商品取引法会計とは財務諸表の形式において若干異なっています。そこでは財務諸表という用語に代えて計算書類という用語が用いられます。この計算書類は以下の①から④までの4つから構成されます。この計算書類に⑤及び⑥を含めますと計算書類等といいます。

```
計算書類   ┌①貸借対照表
 (4つ)    │②損益計算書
          │③株主資本等変動計算書  │ 計算書類等
          └④個別注記表           │  (6つ)
           ⑤事業報告
           ⑥附属明細書
```

　これをみると，金融商品取引法会計における財務諸表と類似しています。貸借対照表，損益計算書及び株主資本等変動計算書は同一です。しかし，計算書類にはキャッシュ・フロー計算書は含まれていません。中小企業全体に対してまでその作成を義務づける必要はないという判断によるものと考えられます。逆に金融商品取引法会計上の財務諸表には個別注記表はありません。注記は会計情報として同様に表示されますが，財務諸表の体系には含まれていません。

　個別注記表は，会計情報の有用性を高めるためのものです。その主なものは以下の通りです。

① 継続企業の前提に関するもの

　財務内容の悪化のため，将来に事業を継続する疑いがあるかどうか，その改善が可能かどうかについての注記事項です。通常，GC注記といいます。このGCとはgoing concernの略で，継続企業を意味します。上場会社が会計監査人による監査の結果，GC注記としての指摘を受けた会社は事実上イエローカードをつきつけられたことになります。その結果，会社の株価は急激に下落し資金調達に重大な支障が生じる可能性がでてきます。会計監査人がそれを本当は知っていても，その事実を指摘しなかったときには会計監査人の責任問題が生じます。

② 重要な会計方針に関するもの

③　貸借対照表・損益計算書・株主資本等変動計算書に関するもの

　事業報告は会社の状況に関する重要な事項を記載したものです。例えば内部統制の整備に関する内容や，上場会社では会社の現況，会社の役員，株式などに関する事項を記載したものです。株式をお持ちの人は株主総会の開催前に会社がこの事業報告を株主に送付しますので，ご覧になった人もいるかもしれません。

　附属明細書は，貸借対照表，損益計算書，株主資本等変動計算書及び個別注記表の内容を補足したものです。そこには有形固定資産及び無形固定資産の明細，引当金の明細，販売費及び一般管理費の明細等が表示されます。

2　剰余金の配当

(1)　株主資本の分類
①　会計上の株主資本の分類

　株主資本は資本金，資本剰余金及び利益剰余金に大別される点はすでに指摘しました。ここでは剰余金についてその発生源泉別の分類が前提となっています。つまり，事業活動を実施する際に元手としての払込資本系列による剰余金が資本剰余金です。会社の設立あるいはその後の増資によって株主が会社に払い込んだ資本の額のうちで資本金とならなかった部分を示します。利益剰余金は過去及び当期の事業活動によって得られた果実としての資本のうちで会社に留保した資本をいいます。その意味で資本剰余金と利益剰余金はその発生源泉が異なります。会計上はこの資本と利益の区別がとても重要となります。これを資本取引・損益取引

区分の原則といい、ここでは資本剰余金と利益剰余金の明確な区別が要請されます。

② 会社法上の株主資本の分類

これに対して、会社法は債権者保護の見地から株主資本の分類について次のような考え方を基本とします。つまり、債権者のために会社財産を維持するのに法的な拘束性の面から3つのグループに分ける考え方です。

1つめは資本金です。これは人体にたとえますと人間に最も不可欠な骨に相当するもので拘束性が最も強い部分です（次頁の①）。

2つめは、骨が弱いとすぐに骨折してしまいますから、これを保護する部分が必要となります。これを準備金といいます。資本剰余金及び利益剰余金の一部で、資本準備金及び利益準備金から成り、資本金としての骨をカバーする筋肉に相当する部分です（次頁の②）。これがあれば、クッションとしての役割を果たして骨折せずにねんざ程度で済みます。

資本準備金は株主による払込資本のなかで資本金以外の部分をいい、会社法上積立てが強制される資本剰余金です。株式払込剰余金がその典型です。これ以外に合併、株式交換、株式移転、会社分割などの組織再編で生じる資本剰余金（合併差益、株式交換剰余金、株式移転剰余金及び分割剰余金）があります。ただし、この組織再編で生じる払込資本の内部に関しては、法的には合併契約などで自由に資本金・資本準備金・その他資本剰余金の内訳金額を決定できます。このため、場合によっては資本金及び資本準備金に計上されないケースもあります。

利益準備金は会社法上積立てが強制される利益剰余金です。こ

れは，資本準備金と併せて資本金の4分の1に達するまで設定することが要求されています。

3つめは，資本金及び準備金以外の部分で，余分な脂肪に相当します。会社法上これを剰余金といいます（下図の③）。法的な拘束性に基づいて会社法はこの剰余金を株主への配当金に対する基準としています。これはその他資本剰余金とその他利益剰余金から成ります。

その他資本剰余金は資本剰余金から会社法上拘束性のある資本準備金を除いた部分です。これには資本金減少差益，資本準備金減少差益及び自己株式処分差益があります。

その他利益剰余金は利益剰余金から会社法上拘束性のある利益準備金を除いた部分です。これは会社が剰余金の処分の結果として任意で積み立てた任意積立金と，それ以外のまだ処分を決定していない繰越利益剰余金とがあります。

これらの関係を図示しますと，次のようになります。

会社法における株主資本の分類

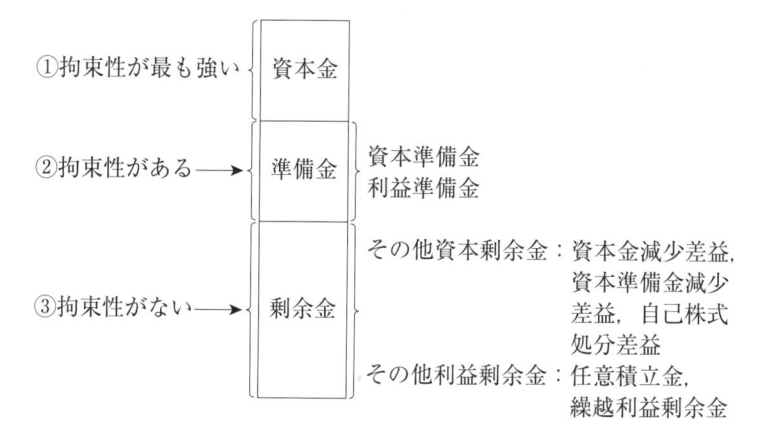

①拘束性が最も強い ── 資本金

②拘束性がある ── 準備金：資本準備金，利益準備金

③拘束性がない ── 剰余金：
- その他資本剰余金：資本金減少差益，資本準備金減少差益，自己株式処分差益
- その他利益剰余金：任意積立金，繰越利益剰余金

会計上は剰余金に関してその発生源泉別に払込資本の一種である資本剰余金と，事業活動によって得られた利益剰余金とを区別すればよいのです。

　これに対して，会社法上は法的な拘束性の面から拘束のある資本準備金及び利益準備金と，拘束性のないその他資本剰余金とその他利益剰余金との区別が特に重要になります。

③ 資本金・準備金・剰余金の関係

資本金・準備金・剰余金の間の関係について説明します。

a　準備金（資本準備金または利益準備金）を減少させて資本金を増加させるケース

b　剰余金（その他資本剰余金またはその他利益剰余金）を減少させて資本金を増加させるケース

c　剰余金を減少させて準備金を増加させるケース

　これにはその他資本剰余金を減少させて資本準備金を増加させる場合と，その他利益剰余金を減少させて利益準備金を増加させる場合とがあります。

d　資本金を減少させて準備金（資本準備金）を増加させるケース

e　準備金を減少させて剰余金を増加させるケース

　これには資本準備金を減少させてその他資本剰余金を増加させるケースと，利益準備金を減少させてその他利益剰余金を増加させるケースとがあります。

f　資本金を減少させてその他資本剰余金を増加させるケース

g　その他資本剰余金を減少させてその他利益剰余金を増加させるケース

　gは繰越利益剰余金がマイナスの状態を解消する場合です。

a・b・cのように，拘束性の低い部分を拘束性のより高い部分に振り替えることは会社法上特に問題はありません。債権者保護の見地からは望ましいからです。

しかし，その逆の場合，例えば法的に拘束性のある資本金や準備金を減少させる場合には，一定の法的要件を満たさないと認められません。

このようなaからgまでの関係をわかりやすく図示しますと，次のようになります。

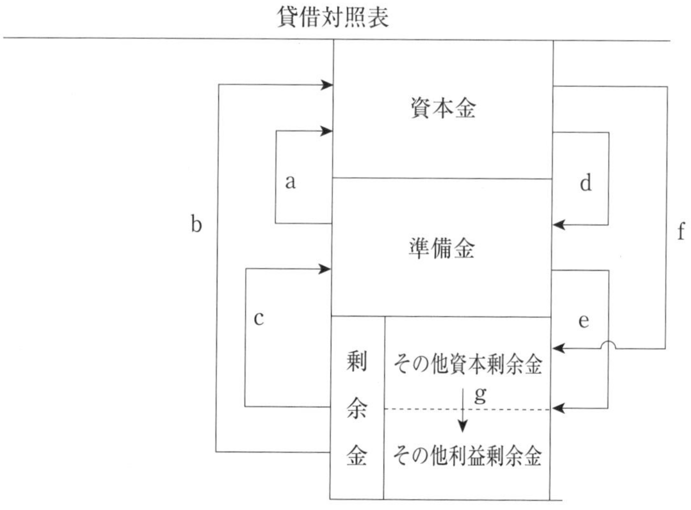

貸借対照表
資本金
準備金
剰余金
その他資本剰余金
その他利益剰余金
a
b
c
d
e
f
g

(2) 剰余金の配当

会社は原則として株主総会の決議を経れば何度でも剰余金の配当ができます。通常は配当に金銭を交付しますが,株式や社債などの現物配当も認められます。

剰余金の配当についてはその上限が設けられています。これが分配可能額です。この金額を超えて配当することはできません。この分配可能額は次のように規定されています。

分配可能額
　＝剰余金（A）±剰余金の変動額（B）−分配規制額（C）

まずAは前期末日における貸借対照表の剰余金の額を指します。これはその他資本剰余金とその他利益剰余金の合計額です。

次にBは前期末日後の剰余金の変動額,つまりその他資本剰余金とその他利益剰余金の変動額を加減した額です。

AとBの合計額(厳密には自己株式の帳簿価額と,その他有価証券評価差額金及び土地再評価差額金がマイナスのときには,それらを控除します)がそのまま配当されるわけではありません。

最後のCはAとBの合計額に対する制限があることを意味します。のれんの2分の1の額と繰延資産の額の合計額が一定の額(資本金と準備金の合計額等)を上回ったときに控除される額がこれです。このような項目を分配規制しますのは,のれんと繰延資産は他の資産に比べて資産としての性質に確実性が乏しいからです。それらの金額が多額の場合,その全額を資産として配当額を計算しますと会社の財務内容を損なう危険性があります。

例えば,剰余金Aが20億円,剰余金の変動額Bがマイナスの2億円,分配規制額Cが3億円とすれば,分配可能額は15億円

(20億円－2億円－3億円) となります。

　この分配可能額の範囲内で剰余金の配当を実施する場合，その財源を事業活動から得られた果実（留保利益）としてのその他利益剰余金とするのか，元手（払込資本）としてのその他資本剰余金とするのか，それとも両者の一部ずつとするのかによって，設定すべき準備金が異なります。その他利益剰余金だけを配当するときには，利益準備金を準備金の額が資本金の4分の1に達するまで，次の2つを比較してどちらか少ない金額を設定します。配当額の10分の1と，資本金の4分の1に達するまでの準備金との差額を比較し，いずれか少ない額です。

　例えば，資本金が80億円，準備金が15億円のときに剰余金10億円をその他利益剰余金で配当する際，この10億円の10分の1である1億円と，資本金の4分の1まで設定すべき準備金20億円までは準備金がまだ5億円足りません。このため，少ない方の額は1億円ですので，この額を利益準備金に計上します。

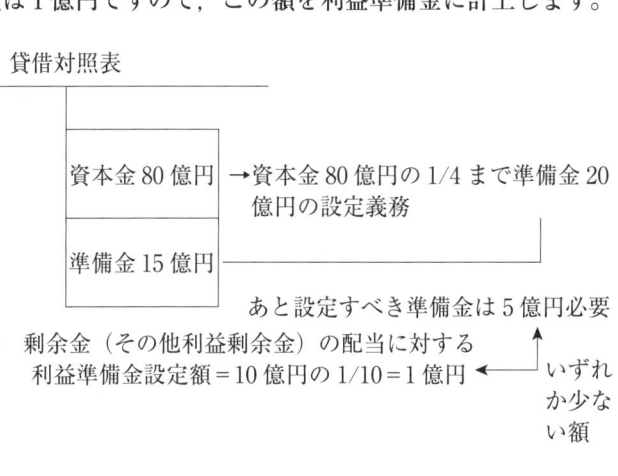

貸借対照表

資本金80億円	→資本金80億円の1/4まで準備金20億円の設定義務
準備金15億円	

あと設定すべき準備金は5億円必要

剰余金（その他利益剰余金）の配当に対する
利益準備金設定額＝10億円の1/10＝1億円 ← いずれか少ない額

2 剰余金の配当　　105

同様にその他資本剰余金10億円を配当するときには，その配当額の10分の1に相当する1億円と，準備金の額が資本金の4分の1に達していない差額5億円とのいずれか少ない額，つまり1億円を資本準備金に計上します。その他利益剰余金6億円とその他資本剰余金4億円を配当するときには，両者の比率に応じて利益準備金を6,000万円と資本準備金4,000万円をそれぞれ設定します。

　なお，剰余金の額が300万円を下回るときには配当できません。

　連結グループにおいて連結ベースによる配当を実施するときには，親会社単独の利益が例えば50億円で，連結グループ全体の連結利益が30億円のときには，基本的にはこの30億円を基準として配当することができます。これを連結配当規制適用会社といいます。

　分配可能額がマイナスのときを資本の欠損といいます。

VIII 会社の課税所得計算

1 確定決算主義

　会社は利益を獲得しますと，一定の法人税を納付しなければなりません。これについてはすでに簡単な例で説明しました。

　会社の課税所得はどのような仕組みで計算されるのでしょうか。そのスタートとなるのが基本的には会社が個別損益計算書のなかで計算した税引前当期純利益の額です。正式には会社法において取締役が株主総会で計算書類を提出し，その承認を得た時点です。特に上場会社では原則として会計監査人及び監査役が計算書類を適正と認めた時点です。この確定した決算に基づく税引前当期純利益をベースとして課税所得を算出します。このような考え方を確定決算主義といいます。この確定決算主義を採用している理由は，独自の課税所得計算のシステムをつくるよりも，会計上の利益計算をベースとしたほうが経済的に便利だからです。そして，その税引前当期純利益を税務上の規定に即して一定の修正を加え

たうえで確定申告書を所轄の税務署に提出することになります。

しかし，課税所得は必ずしも税引前当期純利益とイコールとなるわけではありません。

2 税 務 調 整

この税引前当期純利益に対する修正手続を税務調整といいます。

税務上課税所得計算において重要なのが益金と損金です。課税所得はこの益金と損金との差額で算定します。

益金とは，株主による出資または払戻しまたは株主への配当金の支払による資本等取引以外の原因によるすべての純資産の増加を意味します。具体的には以下のものが含まれます。

① 資産の販売

これは商品や製品の販売によるものです。

② 有償または無償による資産の譲渡

これは有価証券や固定資産などの売却によるものです。ただで資産を譲渡したときにも，その資産の適正価格による譲渡があったものとみなされます。同様に，資産の適正価格から割安で売却したときにもその差額は譲渡となります。

③ 有償または無償による役務の提供

これは役務の提供による受取手数料や，金銭の貸付けによる受取利息などです。有償のときにはその収入額が，また無利息の貸付けのような無償のときにはその適正な価額が益金となります。

④ 無償による資産の譲受け

これは資産をただで取得したときにその適正価格について生じます。

⑤ その他の取引で資本等取引以外のもの

これは例えば会社の財務状況の悪化に伴い，債権者が自己の債権の一部または全額を放棄したときの債務免除益がそうです。

益金の範囲	① 資産の販売
	② 有償または無償による資産譲渡
	③ 有償または無償による役務提供
	④ 無償による資産の譲受け
	⑤ その他資本等取引以外のもの

損金とは，資本等取引以外の原因による純資産の減少をいいます。これには以下のものがあります。
① 収益に対する売上原価
② 販売費，一般管理費その他の費用
③ 火災等による当期の損失

損金の範囲	①収益に対する売上原価
	②販売費，一般管理費その他の費用
	③火災等による当期の損失

このような益金及び損金は会計上の収益及び費用の範囲と類似しています。けれども，両者の間にそれぞれ差異があります。
① 益金算入項目
会計上は収益に計上しませんが，課税所得計算上は益金に算入する項目があります。これが益金算入項目です。例えば，合併について会計上は収益を計上しません。しかし，税法上では被合併

会社の帳簿価額で引き継ぐことを認めない合併のケース（非適格合併）では，移転資産の譲渡利益を益金として計上します。

② 益金不算入項目

会計上収益に計上しますが，課税所得計算では益金に計上しない項目があります。これが益金不算入項目です。この項目には例えば受取配当金があります。

これを課税所得計算において益金に計上しないのは次の理由からです。株式会社には法人格があります。この法人を税法は株主が集まった者として考えます。これを株主集合体説あるいは法人擬制説といいます。このため，法人税は株主に対する所得税の前払いとなります。とすれば，まず法人から受け取った配当金に課税し，次に株主が法人から受け取った配当金について所得税の段階でもう一度課税しますと，二重課税となります。これを回避するために，法人から受け取る配当金は益金に算入されません。

会計上は法人自身が会計主体となる法人実在説の立場から，その受取配当金を収益に計上します。

③ 損金算入項目

会計上費用に計上しませんが，課税所得計算では損金に計上する項目があります。これが損金算入項目です。例えば，会計上将来の費用または損失に対して計上する引当金は費用に計上します。しかし，この将来の費用又は損失に該当しないものでも課税所得計算では損金に計上できる項目が損金算入項目です。例えば租税特別措置法上の準備金がそうです。これは租税政策の見地から特定の事業にのみ計上できます。海外投資等損失準備金や特定災害防止準備金などがあります。

④ 損金不算入項目

会計上費用に計上しますが，課税所得計算では損金に計上しない項目があります。これが損金不算入項目です。例えば会計上交際費は収益を得るための費用に計上します。しかし，課税所得計算では資本金が1億円を超える会社において損金に計上することができません。その全額が損金不算入となります。

このような①から④までを考慮すると，会計上の利益と課税所得計算とは次の関係となります。

| 会計上の税引前
当期純利益 | ＋ | ①益金算入項目
④損金不算入項目 | － | ②益金不算入項目
③損金算入項目 | ＝ 課税所得 |

税務上，課税所得がマイナスの状態を欠損金といいます。青色申告の場合，この欠損金は7年間繰越控除が認められます。資本金1億円以下の中小会社ではこの欠損金を前年度に繰り戻して税金の還付を受けることもできます。

③ 課税所得計算の特徴

会計上とは異なる課税所得計算上の主な処理について説明します。

(1) 資　産

資産については原則として取得原価で評価し，資産を譲渡したときに所得に計上します。つまり，売却するまでは未実現利益を所得に算入しません。それを算入しますと，納税者による税金の支払能力（これを担税力といいます）に支障を来すからです。

① 金 銭 債 権

受取手形・売掛金・貸付金などの金銭債権については貸倒引当金を設定します。その点では会計上と同様です。ただ，税務上は貸倒引当金として計上できる損金計上の金額について業種別および会社の規模別にその上限が定められております。その点から会計上の貸倒引当金との額で差異が生じ税効果会計（繰延税金資産の計上）の対象となります。会計上は債権を回収可能性の面から一般債権・貸倒懸念債権・破産更生債権等に分けて貸倒引当金を設定するからです。

② 棚 卸 資 産

棚卸資産については，原価法または低価法のうちいずれかを選択して評価します。前者には個別法，先入先出法，総平均法，移動平均法などのなかから選択します。後者の低価法は，原価と時価を比較し，いずれか低い方で評価する方法です。その場合の時価は売却を予定した価格（正味売却価格）です。

③ 固 定 資 産

A 圧縮記帳　　国庫補助金の交付を受けて固定資産を取得したときには，その取得原価を国庫補助金の額だけ減額できます。これを圧縮記帳といいます。例えば，8,000万円の設備を設置したときに，国からその設備に対して3,000万円の国庫補助金を受け取ったときには，差額の5,000万円に基づいて減価償却します。その結果，減価償却費はその設備の耐用年数が到来するまでその国庫補助金の金額だけ過小に計上されます。それを通じて課税を固定資産の利用期間にわたって繰延べる効果があります。これを課税の繰延といいます。

例えば，その設備の耐用年数が10年，残存価額が10％，定額

法で償却しますと，8,000万円を取得原価としたときの減価償却費は毎年720万円です。5,000万円を取得原価としたときの減価償却費は450万円です。その結果，毎期の減価償却費が両者の差額270万円で圧縮記帳をしたときには費用が少なく計上されます。このため利益は毎期270万円だけ10年間にわたって多くなります。

B 法定耐用年数と残存価額

固定資産の減価償却については税法が定める各固定資産の一般的な法定耐用年数及び残存価額に基づき，基本的に定額法または定率法で行います。このため，会計上の減価償却の計算と異なる可能性があります。会計上は個々の資産の利用期間を会社が個別的に判断した個別耐用年数とその残存価額を見積もって計算するからです。

C 特別償却

会計上の減価償却とは別に，国家の経済政策を実現するために租税特別措置法により特別償却が一定の要件のもとで認められています。これが特別償却です。それに基づく金額を通常の正規の減価償却費のほかに損金に計上できます。この特別償却にはエネルギー需給構造改革推進設備などの適用される固定資産の取得年度に取得原価の一定割合を加算できる初年度特別償却と；障害者を雇用するための機械などに適用される通常の償却限度額に一定割合を加算できる割増償却とがあります。

この特別償却は税務上の優遇税制措置であり，会計上の費用としての性質がありません。それは一種の積立金または利益留保としての性質をもちます。

税務上の減価償却の種類	税法が定める耐用年数及び残存価額，償却方法によるもの
	租税特別措置法による特別償却

④ 繰 延 資 産

会計上は繰延資産はすでに説明しましたように，5項目に限定されます。これらの項目については税務上会社が任意に償却できます。

それ以外に，税法上固有の繰延資産があります。例えば津波対策といった港湾などの公共的施設またはアーケードなどの共同的施設に支出する費用，ノーハウの頭金，ネオンサインなどの広告宣伝用の費用，職業運動選手等の契約金等も繰延資産に含まれます。これらの項目は均等償却します。

税務上の繰延資産の範囲	会計上の繰延資産（創立費・開業費・開発費・株式交付費・社債発行費）	
	税務上固有の繰延資産	アーケード・ネオンサインの費用，職業運動選手の契約金など

(2) 引当金・準備金

　税務上の負債として計上できる引当金は貸倒引当金と返品調整引当金だけです。このため，会計上の引当金よりもかなり範囲が限定されます。

　他方，会計上は引当金としては計上できない項目を税務上準備金として計上できます。すでに触れました海外投資等損失準備金や金属鉱業等鉱害防止準備金などの準備金です。

税務上の引当金	貸倒引当金と返品調整引当金だけ
租税特別措置法上の準備金	海外投資等損失準備金・金属鉱業等鉱害防止準備金など

(3) 収　　益

① 長期割賦販売等

　資産の販売等について3回以上の分割払いで，その目的物の引渡しから最終的な支払期日まで2年以上かかり，販売時点の頭金が販売価格の3分1以下となる長期割賦販売などでは，販売時点で収益（益金）を計上せずに代金の入金に即した処理（延払基準）の適用が認められます。販売時点に代えて代金の回収時点（税法上は支払期日が到来した時点）で収益を計上する考え方を回収基準といいます。

② 長期大規模工事

　工事期間が1年以上で、請負金額が10億円以上の一定の要件を満たす長期大規模工事に関しては、工事の完成時点で収益を計上せずに、工事の進行度合に応じて収益を計上する工事進行基準が適用されます。

　資本金が1億円以下で年所得が800万円以下のときの法人税率は22%です。資本金が1億円以下であっても年所得が800万円を超えている場合、資本金が1億円を超える会社はいずれも30%の法人税率です。

IX 会社自身による会社再生

1 巨額損失の解消方法

　会社が順調に成長していれば特に問題ありません。しかし，内外の景気動向や業界固有の需給関係などにより会社の財務内容が悪化することが少なくありません。わが国では，1985年以降に起こりました土地や株式に対する極端な投資のバブル経済は1990年代以降に崩壊し，長い不況が続きました。その後，サブプライム・ローン問題に端を発し，2008年のリーマン・ショックを切っ掛けとして発生した世界的な金融不況もまた記憶に新しいところです。

　会社の財務内容が悪化するときには，財務諸表をどのように改善していけばいいのでしょうか。

(1) 繰越利益剰余金との相殺

　まず，当期の損益計算書が当期純損失を示し赤字となります。

この当期純損失の金額が例えばまだ少額の10億円としますと，過去の留保利益のうちでまだ処分を決定していない繰越利益剰余金が50億円あれば，この当期の赤字額10億円を十分吸収できます。つまり，繰越利益剰余金は両者の差額を示す40億円となります。この赤字額10億円を過去の留保利益を示す繰越利益剰余金で相殺することができます。

当期純損失が巨額の200億円のときには，留保利益を示す繰越利益剰余金が50億円あっても，その200億円の赤字のすべてを埋め合わせることはできません。巨額損失発生前の貸借対照表が以下の内容であったとします。

巨額損失発生前の貸借対照表（単位：億円）

諸資産	750	諸負債	500
		資本金	100
		準備金	20
		任意積立金	80
		繰越利益剰余金	50
	750		750

今度は逆に150億円の繰越利益剰余金がマイナスの状態となります。

巨額損失発生後の貸借対照表（単位：億円）

諸資産	550	諸負債	500
		資本金	100
		準備金	20
		任意積立金	80
		繰越利益剰余金	△150
	550		550

(2) 任意積立金の取崩し

　次期の営業活動でこの繰越利益剰余金150億円のマイナス分を一気に解消できれば特に問題はありません。しかし，景気の低迷などの理由から次期に営業活動により何とか努力して2億円の黒字化，翌々期も同様な3億円の黒字化はそれぞれ見込まれますが，到底150億円の繰越利益剰余金のマイナスを一気に解消するまでには至りません。今後2年が経ちましてもマイナスの繰越剰余金は145億円となると予想されます。

　できる限り負の遺産を早く処理したいと考え，かりにこの会社でその他利益剰余金のうちで任意積立金の額が160億円あれば，株主総会の決議によりこの任意積立金を取り崩して繰越利益剰余金のマイナスを全額なくすこともできます。上記のように任意積立金が80億円のときにはその全額を取り崩してマイナスの繰越利益剰余金150億円と相殺し，マイナスの繰越利益剰余金は70億円にまで減少します。

任意積立金取崩後の貸借対照表　（単位：億円）

諸資産	550	諸負債	500
		資本金	100
		準備金	20
		繰越利益剰余金	△ 70
	550		550

　任意積立金のほかにその他資本剰余金があるときにも同様にそれを取り崩すことができます。

(3) 準備金の取崩し

マイナスの繰越利益剰余金がまだ70億円あるとき、何とかそれもできるだけ少なくしたいのであれば、次の手段は準備金を取り崩す方法です。いま準備金の額が上記のように20億円設定されていれば、株主総会の決議及び債権者保護手続といった一定の法的手続を経て取り崩すことが可能です。

ここで債権者保護手続とは、拘束性のある準備金の減少の事実を公告するとともに債権者自身にも個別的に通知（催告）し、会社に対して債権者が異議を述べることができる制度です。但し、定時株主総会で準備金の減少を決議し、かつ減少額の全額を欠損てん補に充当するときに限り、この債権者保護手続は例外的に必要ありません。

その場合、法的には取り崩す順序については資本準備金または利益準備金のいずれからでも問題ありません。この準備金を全額取崩した結果として生じる準備金減少差益20億円とマイナスの繰越利益剰余金70億円を相殺しますと、繰越利益剰余金のマイナスは50億円までかなり減少しました。

準備金取崩後の貸借対照表 （単位：億円）

諸資産	550	諸負債	500
		資本金	100
		繰越利益剰余金	△ 50
	550		550

(4) 減　　資

そこで、これを解消する最後の手段として会社の資本金100億

円を50億円まで減額する方法があります。これが減資です。

　これを実施するには株主総会の特別決議とすでに説明しました債権者保護手続が必要です。この減資にはすでに発行しています株式数を減少させないで実施する方法と，株式数を減少させる方法とがあります。

　このような一連の財務改善措置により巨額損失を解消することができます。その結果，貸借対照表は次の通りです。

減資後の貸借対照表 (単位：億円)

諸資産	550	諸負債	500
		資本金	50
	550		550

　この会社自身による財務再生措置を通じて会社はフレッシュ・スタートできます。次期以降に利益が獲得できれば，株主に対する配当も再び可能ですし，下落していた株価も再び上昇に転じます。

② 組織再編による会社の再生

　上記のように貸借対照表における純資産の部の構成要素を改善する措置だけではなく，それ以外に会社の財務体質の根本的な改革も必要となる場合があります。それが組織再編による方法です。その1つは合併です。これについてはすでに説明しました。財務内容が悪くなったときには，他の会社に吸収合併してもらう方法です。組織再編にはこの合併のほかにいくつかの種類があります。

(1) 株 式 交 換

　株式交換契約に基づいてA社が100％自己の株式すべてをB社に交付すると同時に，B社はA社に対してB社の株式を交付すると，両社で親子間のグループ関係が成立します。完全親会社がB社で，完全子会社がA社となります。これが株式交換であります。

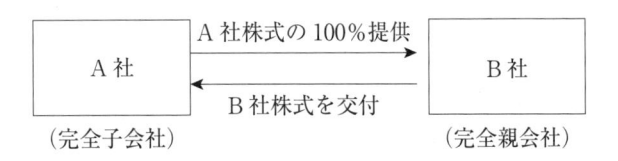

```
┌──────────┐  A社株式の100％提供  ┌──────────┐
│   A 社   │ ───────────────→   │   B 社   │
│          │ ←───────────────    │          │
└──────────┘  B社株式を交付      └──────────┘
 （完全子会社）                    （完全親会社）
```

　純資産の時価が8,000万円のA社に対して，B社が自己の株式を80,000株発行し，株式交換契約のなかで，この払込資本の増加となる8,000万円の内訳を自由に決めることができます。例えば資本金の増加額を5,000万円，残りの3,000万円を株式交換剰余金（資本準備金）とします。

　なお，完全子会社による株式交換が取得ではなくて，すでにA社及びB社が親子間の関係にあるときには共通支配下の取引となります。そこでは持分が継続しますので，子会社の簿価で引継ぎます。

　株式交換は合併と類似していますが，同一ではありません。合併される会社自体は消滅します。しかし，株式交換によって完全子会社はB社のグループに所属することになりますが，株主の変更以外は何ら変わりはなく営業活動をそのまま継続できます。A社はB社のグループの傘下に入ることにより，その営業・財務・人事などのメリットを得ることができます。

(2) 株 式 移 転

　株式移転は，すでにある会社が株式の移転により完全親会社を新規につくる手続です。例えば，A社とB社とが新たに新規のC社を設立し，このC社にA社とB社の株式100％を移転することになります。設立されるC社はA社及びB社のそれぞれの株主に対してC社の株式を交付します。その結果，A社及びB社は完全親会社であるC社が100％持株を保有する完全子会社となります。つまり，完全親会社としてのC社が持株会社となり，完全子会社であるA社及びB社を経営管理し経営の統合が可能です。A社及びB社に共通した地域における支店の統廃合などを通じて，より効率的な経営を目指すことができます。

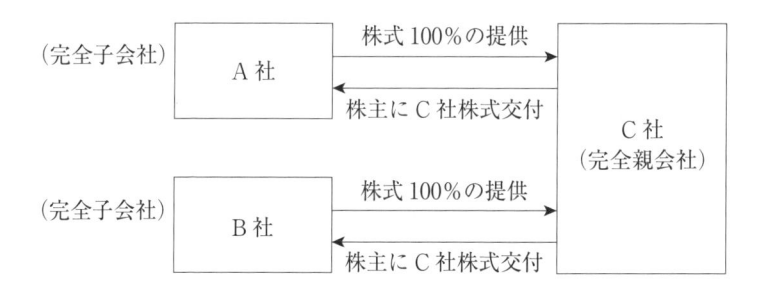

```
(完全子会社)  ┌──────┐  株式100％の提供  →
             │  A社  │                      ┌──────────┐
             └──────┘  ← 株主にC社株式交付   │   C社    │
                                             │(完全親会社)│
(完全子会社)  ┌──────┐  株式100％の提供  →   └──────────┘
             │  B社  │
             └──────┘  ← 株主にC社株式交付
```

　時価2億円の完全子会社であるA社に対して完全親会社C社が20,000株を発行したとします。その際に株式移転契約のなかでこの払込資本の増加となる2億円の内訳を自由に決めることができます。例えば資本金を5,000万円，株式移転剰余金（資本準備金）5,000万円，その他資本剰余金1億円となります。

　なお，完全子会社が共通支配下の取引関係にあるときには持分が継続しますので，完全子会社の簿価を完全親会社は引き継ぎます。

２　組織再編による会社の再生　　123

(3) 会 社 分 割

　会社分割は，分割会社の一部の事業に関する権利及び義務を他の会社に承継するものです。これには，新たに設立した会社にその事業を承継させる新設分割と，すでに存続している会社に承継させる吸収分割とがあります。これを図示しますと，下図の通りです。

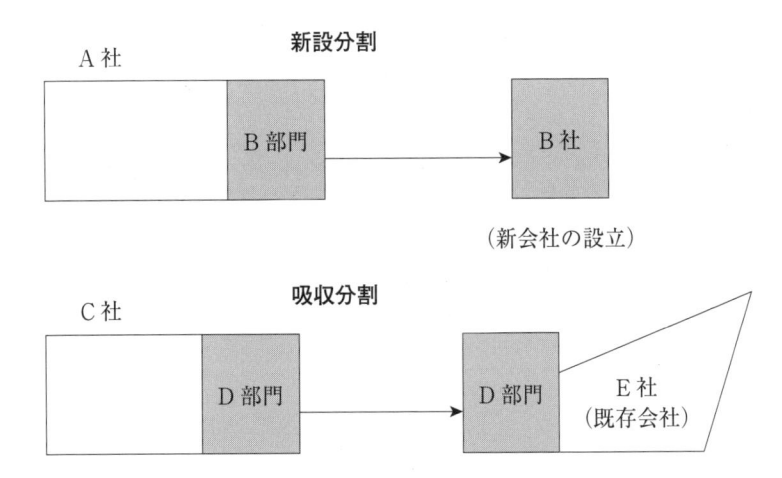

新設分割

A社 ／ B部門 → B社

（新会社の設立）

吸収分割

C社 ／ D部門 → D部門 E社（既存会社）

　会社分割には，上記の例でB社がA社自身に株式を交付するかA社の株主にするかによって権利帰属が異なります。前者を分社型分割，後者を分割型分割といいます。同様に，E社がC社に株式を交付するときには分社型分割であり，C社の株主に交付するときには分割型分割となります。分社型分割ではA社及びC社の純資産の額は変動しません。これに対して，分割型分割ではA社及びC社の株主の変動を伴います。

　B部門の時価に基づく資産9,000万円，負債2,000万円を承継会社に移転するときに，承継会社がそれに対して株価500円の新

株10万株を発行したとします。B部門の純資産は7,000万円で，この額が承継会社の払込資本の増加となります。この内訳については分割契約のなかで自由に定めることができます。例えば資本金を5,000万円，分割剰余金（資本準備金）を2,000万円とすることができます。

　なお，吸収分割が共通支配下の取引関係にあるとき，あるいは単独の新設分割の場合には，持分が継続しますので，分割直前の帳簿価額で吸収会社または新設会社は引き継ぎます。

　すでに説明しましたように，組織再編においてはその契約の定めで払込資本の内訳について自由に資本金・資本準備金・その他資本剰余金に対する金額を決定できます。その結果，極端にその全額をその他資本剰余金とし配当財源としても何ら会社法上は問題とはなりません。

　しかし，その他資本剰余金は会計上払込資本であり事業活動によって得られたものではありませんので，厳密には会計上の資本と利益の区別には反します。会社法上ではその区別によらずに政策的な面から拘束性のある資本剰余金としての資本準備金と拘束性のないその他資本剰余金とを区別しています。

X 利害関係者との調整による会社再生

1 事業再生 ADR

IXにおいて会社の再生について触れました。ここでは特に会社自身が会社の再生について主体的に取り組む場合を取り上げました。しかし、会社自身ではどうしても会社の再生がうまく進まないケースもでてきます。単に貸借対照表を中心とした財務内容の改善及び組織再編では会社の再生ができない状況も生じてくるからです。そこで、会社を取り巻く利害関係者との合議または法的処理によって会社の再生を進めざるを得ない場合について以下取り上げます。

その一つの手段が事業再生 ADR（alternative dispute resolution）です。これは裁判外による紛争解決手続で、訴訟によらずに当事者間における利害調整を通じて事業を再生する方法です。これには都道府県の労働局が中心となる行政型と、厚生労働大臣が指定する団体を中心とする民間型とがあります。いずれもこの再生

ADRはそのコストが比較的安く済み,交渉は非公開で短期間で終了するのが特徴です。

会社の財務内容が悪化しますと,累積赤字がふくらみ当然資金繰りに困ってきます。そこで,まず従業員数の削減,従業員の給料・手当の大幅な減額や従業員OBの年金支給額のカットなどが問題となります。この点に役立つのが事業再生ADRです。ただ,交渉がうまくいき問題が解決すればよいのですが,あくまでそれは話し合いによる解決にすぎません。ですから,会社側が従業員に提示した内容次第によっては労使双方による利害調整がうまくいかず難航することも考えられます。

次に,会社に融資をしている債権者との関係も重要となります。ここでは会社に対して売掛金などの商業債権者は除外されます。会社がいくつかの金融機関から多額の借入金をしている金融債権者の処理が問題となります。例えば会社の再建のために,この債権者全員の一致の決議により金融条件を一部緩和してもらったり,つなぎ融資をしてもらい一時的な借入れが可能となります。場合によっては債権者の債権を放棄してもらうことも考えられます。ただ,後者の債権放棄につきましては,法的な強行措置ではない事業再生ADRにおいて金融機関はかなり難色を示します。

このような事業再生ADRは強制的な法的措置によらず,任意の整理で会社の再建を目指す方法です。実際にはその申請が3年経過した段階で30件程度しかなく,その運用に課題が残るといわれております。

② 中小企業再生支援協議会による会社再生

中小企業の再生については,産業活力再生法に基づいて商工会議所等の認定機関で設置された中小企業再生支援協議会が事業再生の専門家を選定して実施しています。

なかでも注目すべき再生の方法が示されています。

① 資本的借入金制度

一定の条件を満たす借入金については,下図のように返済の劣後化などにより十分な資本としての性質がある借入金とみなします。その結果,6,000万円の資本的借入金に基づいて債務が資産を上回った財務状態,つまり債務超過8,000万円を2,000万円に削減し解消する措置です。今後の経営努力で残された2,000万円の債務超過の状態を短期的に解消するための方策です。

資本的借入金前の貸借対照表(単位:百万円)

資産	270	借入金	350
債務超過	80		

⇩

資本的借入金後の貸借対照表(単位:百万円)

資産	270	借入金	290
債務超過	20		
		資本的借入金	60

⇩
(金融検査上の自己資本)

この資本的借入金制度は,ドイツの出資者借入金の資本化制度に類似しています。

② 第二会社方式

　もう1つは第二会社方式といわれるスキームです。これは、金融機関に会社の債権を放棄してもらっても、その債務免除益が繰越欠損金を上回るケースがあり、債権放棄ができない欠点をクリアするための再生の方式です。つまり、下図で示しましたように会社の再生を必要とする会社において採算部門のとれそうな将来的に見込みのある資産及び負債を会社分割で新会社として独立させる方式です。残った不採算部門については、後述します特別清算または破産により清算されます。

　要するに、good部門を生かしbad部門を整理して中小企業の再生を図る方式です。

第二会社方式前の貸借対照表

(単位：百万円)

資産	400	負債	600
債務超過	200		

⇩

第二会社方式後の貸借対照表

(単位：百万円)

資産	200	負債	250
のれん	50		

③ 整理回収機構による会社再生

　整理回収機構（RCC）は、住宅金融債権管理機構と整理回収銀行が平成11年に合併して設立された株式会社です。主に債権

回収業務と私的な企業再生業務を行っています。これまでにすでに平成22年3月段階で630件も私的再生を積極的に実施しております。

この私的企業再生は,債権者の立場から行われ,事業を清算した場合の回収額よりも当該事業を再生させ継続させた場合の回収額が上回り,債権者にとって有利となる経済的合理性がある場合のみ行われます。

RCCは,外部の専門家をメンバーとする企業再生検討委員会を設置し,私的再生のために第三者的機関として公平中立的な立場から取引金融機関と調整します。その際に専門家による再生企業の財務内容を適正に評価するための事前調査(これをデューデリジェンスといいます)が不可欠となります。これに基づいて公正かつ適正な資産及び負債の評定を前提とした時価ベースの実態貸借対照表を作成し,その再建計画を策定します。場合によっては金融機関に対して債権貸出条件の緩和も提案します。

4 法的措置による会社再生

これまで説明しました事業再生ADR等は法的措置ではないので,当事者間の利害がうまく調整できないときには有効に機能しません。そこで,法的な強制力で会社の再生を目指す必要があります。これに,民事再生法と会社更生法とがあります。

(1) 民事再生法

民事再生法は個人からすべての法人も適用できます。民事再生法は次の事由があるときに申し立てできます。

1)　債務者が破産の原因として支払不能または債務超過の事実が生じているおそれがあるとき
2)　債務を弁済すると事業の継続に重大な支障が生じるとき

この事由があるときには，債務者だけでなく債権者も申し立てができます。

① 再 生 申 立 時

民事再生法では，この申立時に再生債務者等は債権者一覧表，貸借対照表及び損益計算書の過去3年分，財産目録などを添付します。

再生開始決定後に再生債務者等はその決定日現在における貸借対照表と財産目録を裁判所に提出します。その財産評価に際して会社を清算したときの処分価格（清算価値）が原則となります。ただし，例えば債務者が営業譲渡をする場合には会社の継続を前提とした継続価値による評価も認められます。

会社の債務は債権者の見地から，次のように分類されます。

①　再生債権（一般債権）
②　共益債権（更生手続の費用，財産管理の処分費用など）
③　一般優先債権（未払税金，従業員の未払給料など）
④　別除権（先取特権，質権，抵当権など）

会社が清算すると仮定したときには，資産はすべて換金化され，現金に転換されます。その現金合計額を上記の債権のうちで弁済順位の高い③から②，そして①の順序で弁済されていきます。ただし，抵当権などの別除権は再生手続とは別に担保資産を処分して弁済されます。このような財産評価が要求されるのは，清算したときの再生債権がどの程度弁済されるかどうかの割合，つまり清算配当率を示す点です。

次に述べます再生計画は，この清算配当率を上回る利益を債権者に与えなければなりません。

② 再 生 計 画

再生債務者等は債権の調査期間が終了してから2ヶ月以内に再生計画案を提出する必要があります。この場合，民事再生法では，債務者側の会社経営者がそのまま会社の再建を図ることができるのがその大きな特徴です。これを DIP（debitor in possession）型といいます。アメリカ連邦破産法チャプター・イレブン（第11章）としてニュースでよく報道されるタイプは日本の民事再生法に該当するものです。

A 債権放棄

再生計画で特に話題になるのは，まず債務者会社に対する金融機関の債権カット問題です。債務者会社はそもそも多額の債務弁済に重大な支障が生じているわけですので，その会社が倒産すれば金融機関の債権は全額ゼロとなってしまい回収できなくなります。そこで，例えば20億円の債権の半分をカットしてもその会社を再生させて残り10億円の債権を回収したほうが得です。これが債権放棄です。債務者会社は金融機関からこの債権放棄を承認してもらえば，逆に債務免除益が発生します。

B 債務の株式化

この債権放棄に代えて債務の株式化（デット・エクイティ・スワップ（debt equity swap；DES））という手法もあります。これは債務者会社の債務を減額して株式化し，純資産を増加させる考え方です。その結果，金融機関の債権は株式化し，金融機関が債務者会社の株主となります。金融機関がこの方法を適用するには次の条件があります。金融機関による事業会社の持株数は5%ルールが適用され

ます。銀行などが事業会社を支配しないようにする規制です。このため，DESにおいては債務の株式化に関して普通株ではなくて優先株を債務者会社が発行するのが一般的です。

いま，下記の上段のDES前の貸借対照表では債務超過が20億円（資産450億円－負債470億円）あります。この債務超過を解消するために，20億円のDESを実施しますと，下記の下段の貸借対照表となります。依然として繰越欠損金50億円があります。これを減少させるには，すでにⅨのなかで説明しました資本金の減少に伴う減資手続が必要になります。

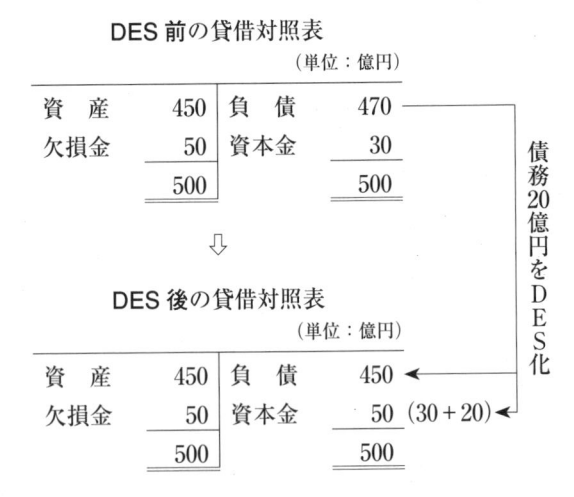

DES前の貸借対照表
（単位：億円）

資　産	450	負　債	470
欠損金	50	資本金	30
	500		500

⇩

DES後の貸借対照表
（単位：億円）

資　産	450	負　債	450
欠損金	50	資本金	50　(30＋20)
	500		500

債務20億円をDES化

DESにおいて会社法では債務者会社では債権をその券面額の20億円で評価します。その結果，この20億円が全額資本金になりますので，債務免除益は発生しません。一方，債権者側ではDESは一種の会社に対する現物出資に相当しますので，債権の時価で評価します。例えば，債権の券面額が20億円で，その時価が10億円だとすれば，その差額10億円が損失となります。税

務上は債務者会社も債権の時価で評価するので，債務免除益10億円が発生します。

C 劣後債務化　また，劣後債務化（デット・デット・スワップ（debt debt swap；DDS））という手法もあります。これは一般債権の一部を一般債権の弁済後に順位を下げて返済される劣後債権とするものです。金融機関側ではその劣後債権の価値は低くなりますが，一般債権を不良債権として処理する必要はなく，金融検査マニュアルでは資本とみなすことができます。また劣後債権としておけば，利息の受取りや将来にその債権を回収できるメリットがあります。

いま，一般債務470億円のうちで100億円を劣後債務にDDS化しますと，下記の上段の貸借対照表は下段の貸借対照表に変化します。

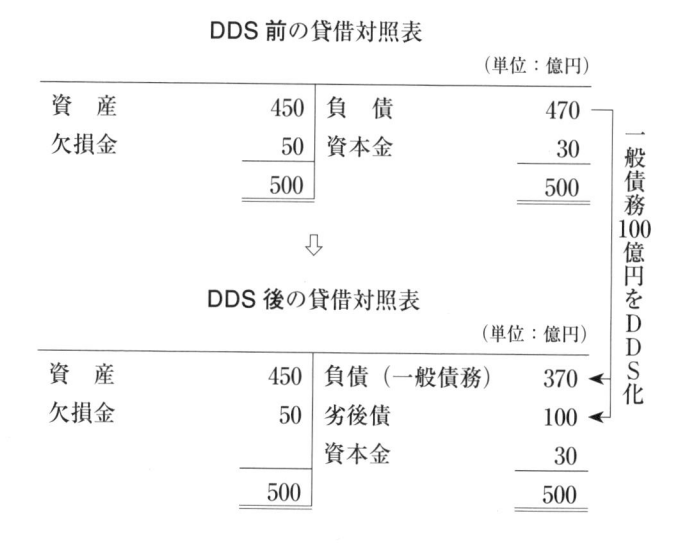

DDS前の貸借対照表

（単位：億円）

資　産	450	負　債	470
欠損金	50	資本金	30
	500		500

⇩

DDS後の貸借対照表

（単位：億円）

資　産	450	負債（一般債務）	370
欠損金	50	劣後債	100
		資本金	30
	500		500

一般債務100億円をDDS化

再生計画が認可されますと，その効力を決算に反映させることになります。

(2) 会 社 更 生 法

会社更生法は民事再生法と次の点で相違します。
① 株式会社だけに適用されます。
② 担保権の権利は多数決で強制的に変更されます。
③ 会社の旧経営者及び旧株主も会社から除外させられます。
④ 更生管財人が原則として会社の全権をもって会社の再建にあたります。ただし，旧経営に責任がない現職の取締役も管財人として選任できます。

更生手続上，債権を次の種類に分類します。
① 共益債権（更生手続の費用，財産管理の処分費用など）
② 更生担保権（先取特権，質権，抵当権など）
③ 優先的更生債権（労働債権，税金など）
④ 一般更生債権
⑤ 劣後的更生債権

管財人は裁判所に債権を届けた後，更生手続開始の財産目録及び貸借対照表を作成します。その後で更生計画案を提出します。会社更生法において資産は時価で評価します。

いま，会社の債務1,200億円が資産1,100億円を上回った100億円の債務超過の財務状態にあるとします。

上場会社がこの債務超過の状態を2年続けますと，上場廃止となります。どうしてもこの債務超過の状態を解消しなければなりません。

DES前の貸借対照表 (単位:億円)

資　産	1,100	負　債	1,200
欠損金	400	資本金	300
	1,500		1,500

このような場合には、すでに説明しましたように債務100億円をDESにより株式化して、債務超過を解消する必要があります。

DES後の貸借対照表 (単位:億円)

資　産	1,100	負　債	1,100
欠損金	400	資本金	400
	1,500		1,500

債務超過はたしかに解消しましたが、欠損金の額がまだ400億円残っています。この欠損も一掃し会社を文字通り再生させたいのであれば、400億円の資本金のすべてを100％減資し、旧株主の株式の価値をゼロとしたうえで、同時に新株主に対する増資（通常の公募ではなくて、特定の株主に対する増資となるのが一般的で、これを第三者割当増資といいます）を実施して資本金を100億円とする手法もあります。その結果、貸借対照表は次のようになります。

100％減資し増資後の貸借対照表 (単位:億円)

資　産	1,200	負　債	1,100
		資本金	100
	1,200		1,200

会社更生計画が認可されますと、更生年度財産目録と貸借対照表を作成します。更生手続が完了しますと、終結貸借対照表を作成します。

XI 会社の清算と破産

1 会社の清算

会社が株主総会の決議で解散したことにより,その法人格を失います。解散後に実施される法律関係の事後処理を清算といいます。この清算には通常清算と特別清算とがあります。前者は通常の清算手続による清算です。後者は,清算中の会社が清算の遂行の際に著しい支障をきたす事情があったり,あるいは債務超過の疑いがあると認められるときに行われる清算です。

いま,最終の貸借対照表が以下の内容とします。

貸借対照表　(単位:億円)

現　金	10	支払手形	20
売掛金	50	買掛金	120
商　品	80	借入金	600
建　物	200	資本金	100
土　地	500		
	840		840

各資産の見積売却価額は以下の通りです。

売掛金 45 億円，商品 75 億円，建物 60 億円，土地 600 億円

その結果，これらの売却価額の総額 780 億円に現金 10 億円を加算した合計額は 790 億円です。この金額から支払手形 20 億円，買掛金 120 億円及び借入金 600 億円の合計 740 億円を弁済しますと，50 億円が残ります。この金額が株主に対して，持分比率に応じて分配されます。

清算人が会社財産の状況を調査して作成するのが清算開始財産目録と清算開始貸借対照表です。そこでは清算目的のため，資産を現金に換金処分した清算価値で評価します。そこでは会社の継続を前提とした取得原価を中心とする資産評価ではありません。

清算手続が終了し結了した時点で財産目録と貸借対照表を作成します。

2 会社の破産

(1) 破産の原因

会社の破産原因は支払不能または債務超過の場合です。これを規制するのが破産法で，これは会社だけでなく個人にも適用されます。

支払不能とは，会社が支払期限の到来した債務を債権者に支払うことができない状態をいいます。これは資産の総額が負債の額を上回っていても，支払期限の到来した債務をすぐに返済できなかったり，あるいは緊急のつなぎ融資を受けられないときにも生じます。

債務超過は，会社の債務総額が資産総額を上回る状態をいいま

す。帳簿上でこの債務超過が生じていても，まだ支払不能に陥らないケースもあります。会社に資金がまだ存在しており，当面の債務弁済には困らないときがそうです。また，債務超過の状態が生じていなくとも支払不能に陥るケースもあります。

(2) 債務超過の判定方法

わが国の破産法における債務超過の判定に関しては，清算価格をベースとして判定する見解（清算債務超過）と，継続価値をベースとして会社が生み出すキャッシュ・フローの割引価値を用いて判定すべきとする見解（実質債務超過）とがあります。

ドイツ倒産法は，まず会社の継続の見込みがあるかどうかを第1段階として判定し，次に第2段階として継続の見込みがあれば継続価値に基づく貸借対照表で，継続の見込みがなければ清算価値に基づく貸借対照表で最終的に債務超過の有無をそれぞれ判定します（二段階方式）。

ただ，リーマン・ショック直後にドイツは会社の倒産をできるだけ減らすことを目的として，その判定基準を一時的に2013年まで凍結しています。現在は，旧破産法で支配的でありました債務超過の判定基準（修正二段階方式）を暫定的に適用しています。これによりますと，まず清算価値で債務超過の有無を判定し，その資産総額が負債総額を上回れば債務超過ではありません。次に，資産総額が負債総額を下回るときには支払能力の予測に基づいて会社の存続の可能性を判断します。存続の可能性が見込まれれば債務超過ではなく，存続が危ぶまれるときに債務超過と最終的に判定します。この修正二段階方式をオーストリア破産法は採用しています。

(3) 破産手続

会社自身または債権者，清算人などは破産の申し立てができます。会社自身による破産の申し立てをしたときには自己破産となります。

裁判所は破産宣告の後に破産管財人を選任し，破産手続が実施されます。

破産管財人は会社の総資産としての破産財団を換金し，それをすべての債務弁済に充てた後に，もし残余の額があれば株主に最後の配当として分配します。債務弁済にあたっては破産債権を次のように分類します。

① 財団債権
② 優先的破産債権
③ 一般債権
④ 劣後的破産債権

①は破産手続によらずに優先して支払われる債権で，民事再生法及び会社更生法における共益債権に相当するもの，破産開始前3ヶ月間の給料請求権や退職手当請求権のうちで退職前3ヶ月の給料の額，破産手続前の租税債権でまだ納付期限が到来していないもの，または納付期限から1年を経過していないものなどがあります。

②は一般の先取特権や①以外の租税債権で，優先順位が高く弁済される債権です。

③は通常の債権です。

④は一般債権よりも弁済の順位が劣る債権です。

なお，特別の先取特権，質権または抵当権などの別除権については，その権利を破産手続以外で行使できます。

破産開始にあたって作成されるのが破産開始財産目録とそれに基づく破産開始貸借対照表です。そこでは資産は現金に換金されますので，売却価値で評価されます。

　確産手続において，債権者に対する最後の配当が終了した後，債権者集会が終了したときにその手続は終結します。これに伴い，会社の法人格が消滅します。

XII 国際会計基準

1 国際会計基準・国際財務報告基準の歩み

会計の国際化に対して1973年に国際会計基準委員会 (International Accounting Standards Committee；IASC) が設立されました。それは国際会計基準 (International Accounting Standards；IAS) を公表してきました。2000年に証券監督者国際機構 (International Organization of Securities Commissions；IOSCO) はIOSCOの加盟国にIASの適用を推奨し，IASの重要性が一段と高まってきました。2001年には国際会計基準委員会から国際会計基準審議会 (International Accounting Standards Board；IASB) へと新体制となりました。このIASBが新たに国際財務報告基準 (International Financial Reporting Standards；IFRS) を公表してきております。IFRSとIASの両者を総称してIFRSs（イファース）といいます。

② 国際財務報告基準の概要

(1) 国際財務報告基準の基本的立場

国際財務報告基準における財務諸表の目的は，財務諸表利用者に対する意思決定に役立つ企業の財政状態，経営成績及び財政状態の変動に関する有用な会計情報の提供にあります。財務諸表の質的特徴として重視しますのは，理解可能性，目的適合性，信頼性，比較可能性の4つです。

このうちで目的適合性は重要性，信頼性は表現の忠実性，実質優先主義，中立性，慎重性及び完全性といった副次的な特徴をそれぞれもっています。

(2) 財務諸表の体系

財務諸表は以下のものから構成されています。

① 期末の財政状態計算書（貸借対照表に該当します。）
② 包括利益計算書 (a) または (b)
　(a) 1つの計算書→包括利益計算書
　(b) 2つの計算書→損益計算書（当期純損益）と
　　　　　　　　　包括利益計算書（但し，これは損益計算書の当期純損益をベースとして，その他の包括利益を表示した計算書）
③ 持分変動計算書（わが国の株主資本等変動計算書に相当します。）
④ キャッシュ・フロー計算書
⑤ 注記

(3) 主な財務諸表の様式

① 財政状態計算書（貸借対照表）の様式

財政状態計算書（貸借対照表）の様式は以下の通りです。その特徴は原則として流動・非流動（わが国の固定部分に相当）区分方式によります。流動資産には正常営業循環過程に属するものや，売買目的で保有しているもの，さらに12ヶ月以内に実現が予定されているものなどが計上されます。

配列については，流動性配列法（IASでは流動・非流動区分配列法）のほかに，固定性配列法（IASでは非流動・流動区分配列法）も認められます。ここでは前者を例示します。

財政状態計算書

	20×9年 12月31日	20×8年 12月31日
資産		
流動資産		
棚卸資産	135,230	132,500
営業債権	91,600	110,810
その他流動資産	25,650	12,540
現金及び現金同等物	312,400	322,900
流動資産合計	564,880	578,750
非流動資産		
有形固定資産	350,700	360,020
営業権	80,800	91,200
その他無形固定資産	227,470	227,470
関連会社投資	100,150	110,770
売却可能金融資産	142,500	156,000
非流動資産合計	901,620	945,460
資産合計	1,466,500	1,524,210

	20×9年 12月31日	20×8年 12月31日
負債及び資本		
流動負債		
営業債務	115,100	187,620
短期借入金	150,000	200,000
1年以内返済長期借入金	10,000	20,000
未払法人所得税等	35,000	42,000
短期引当金	5,000	4,800
流動負債合計	315,100	454,420
非流動負債		
長期借入金	120,000	160,000
繰延税金負債	28,800	26,040
長期引当金	28,850	52,240
非流動負債合計	177,650	238,280
負債合計	492,750	692,700
親会社株主に帰属する資本		
資本金	650,000	600,000
利益剰余金	243,500	161,700
その他の資本要素	10,200	21,200
	903,700	782,900
非支配持分（少数株主持分）	70,050	48,600
資本合計	973,750	831,500
負債及び資本合計	1,466,500	1,524,200

② 包括利益計算書

　包括利益とは，所有者の出資・払戻及び分配といった資本取引を除く一期間における持分すべての変動をいいます。これは基本的に営業活動から得られた稼得利益としての当期純利益と，それ以外の原因による利益としてのその他の包括利益とから成ります。前者はわが国の損益計算書における当期純利益に相当します。後者の典型はその他有価証券評価差益であり，下記に示すようにそれ以外のキャッシュ・フロー・ヘッジ等も含まれます。

① 1つの計算書で作成する場合（広義）

包括利益計算書

	20×9年 12月31日	20×8年 12月31日
収益	390,000	355,000
売上原価	(245,000)	(230,000)
売上総利益	145,000	125,000
その他の利益	20,667	11,300
配送費	(9,000)	(8,700)
管理費	(20,000)	(21,000)
その他の費用	(2,100)	(1,200)
財務費	(8,000)	(7,500)
持分法損益	35,100	30,100
税引前当期利益	161,667	128,000
法人税	(40,417)	(32,000)
継続事業からの利益	121,250	96,000
廃止事業からの損失		(30,500)
当期利益	121,250	65,500
その他の包括利益		
外貨換算差額	5,334	10,667
売却可能金融資産	(24,000)	26,667
キャッシュ・フロー・ヘッジ	(667)	(4,000)
固定資産再評価益	933	3,367
確定給付年金制度における	(667)	1,333
数理計算上の損失		
持分法適用会社のその他の包括利益	400	(700)
その他の包括利益要素の税効果	4,667	(9,334)
当期その他の包括利益（税効果後）	(14,000)	28,000
当期包括利益	107,250	93,500
帰属利益		
親会社所有者	97,000	52,400
非支配持分	24,250	13,100
	121,250	65,500
帰属包括利益		
親会社所有者	85,800	74,800
非支配持分	21,450	18,700
	107,250	93,500

② 2つの計算書（損益計算書と狭義の包括利益計算書）で作成する場合

A 損益計算書

	20×9年 12月31日	20×8年 12月31日
収益	390,000	355,000
売上原価	(245,000)	(230,000)
売上総利益	145,000	125,000
その他の利益	20,667	11,300
配送費	(9,000)	(8,700)
管理費	(20,000)	(21,000)
その他の費用	(2,100)	(1,200)
財務費	(8,000)	(7,500)
持分法損益	35,100	30,100
税引前当期利益	161,667	128,000
法人税	(40,417)	(32,000)
継続事業からの利益	121,250	96,000
廃止事業からの損失	—	(30,500)
当期利益	121,250	65,500
帰属利益：		
親会社所有者	97,000	52,400
非支配持分	24,250	13,100
	121,250	65,500

B （狭義の）包括利益計算書

	20×9年 12月31日	20×8年 12月31日
当期利益	121,250	65,500
外貨換算差額	5,334	10,667
売却可能金融資産	(24,000)	26,667
キャッシュ・フロー・ヘッジ	(667)	(4,000)
固定資産再評価益	933	3,367
確定給付年金制度による数理計算上の損益	(667)	1,333
持分法適用会社のその他の包括利益	400	(700)
その他の包括利益要素の税効果	4,667	(9,334)
当期その他の包括利益（税引後）	(14,000)	28,000
当期包括利益	107,250	93,500
帰属包括利益：		
親会社所有者	85,800	74,800
非支配主持分	21,450	18,700
	107,250	93,500

C 持分変動計算書

	資本金	剰余金	外貨換算差額	売買可能金融資産	キャッシュ・フロー・ヘッジ	再評価剰余金	合計	非支配持分	資本合計
20×8年1月1日	600,000	118,100	(4,000)	1,600	2,000	—	717,700	29,800	745,500
会計政策の変更	—	400	—	—	—	—	400	100	400
	600,000	118,500	(4,000)	1,600	2,000	—	718,100	29,900	748,000
20×8年の持分変動									
包括利益	—	(10,000)	—	—	—	—	(10,000)	—	(10,000)
合計額	—	53,200	6,400	16,000	(2,400)	1,600	74,800	18,700	93,500
20×8年12月31日の残高	600,000	161,700	2,400	17,600	(400)	1,600	782,900	48,600,	831,500
20×9年の持分変動									
株式の発行	50,000	—	—	—	—	—	50,000	—	50,000
配当	—	(15,000)	—	—	—	—	(15,000)	—	(15,000)
包括利益合計額	—	96,600	3,200	(14,400)	(400)	800	85,800	21,450	107,250
留保利益の振替	—	200	—	—	—	200	—	—	—
20×9年12月31日	650,000	243,500	5,600	3,200	(800)	2,200	903,700	70,050	973,750

　国際会計基準とわが国の会計基準との間には以前はかなり差異がありました。しかし，現在では一部を除きますと，大きな違いはありません。

　この国際会計基準の全面的適用に関しては，導入コストの面や中小企業への影響もあります。目下，その適用時期及び範囲をめぐって慎重な検討が進められております。

さくいん

〔あ行〕

青色申告	15
圧縮記帳	112
アメリカ連邦倒産法	133
意見差し控え	29
1計算書方式	76, 77
1年基準	33, 34
一般的耐用年数	85
移動平均法	23
イファース（IFRSs）	145
売上原価	19, 39
売上総利益	39
売上高	19, 38
売上高営業利益率	41
売上高経常利益率	41
売上高総利益率	41
売上高当期純利益率	42
売上高利益率	37
営業外収益	11, 39
営業外費用	11
営業収益	11, 38
営業費用	11, 38
営業利益	39
益金	108, 109
M&A	65
オプション取引	58
オペレーティング・リース取引	69
親会社	70
親会社実体説	74

〔か行〕

外貨建取引	62
会計監査制度	29
会計期間	38
会計方針	31
開業費	18, 34
会社更生法	136
会社の清算	139
会社の破産	140
会社分割	124
会社法	97
開発費	34
開示制度	28
回収可能額	81, 82
回収基準	115
確定給付型年金制度	90
確定拠出型年金制度	92
確定決算主義	107
確定申告書	108
家計簿	1, 2, 4
貸倒引当金	81, 112
課税所得	25, 107, 111
課税の繰延べ	112
割賦販売	115
合併	67
合併差益	67, 68
株価収益率（PER）	42

さくいん　153

株価純資産倍率（PBR）	37	繰延税金負債	26
株式交付費	34	クレジット・デフォルト・スワップ（CDS）	48
株式移転	123	黒字倒産	44
株式交換	122	経営成績	38
株式払込剰余金	46	経済的単一説	74
株式の希薄化	46	経済的便益	33
株主資本	35	計算書類（等）	97, 98
株主資本利益率（ROE）	36, 37	経常利益	39, 40
株主資本等変動計算書	30, 31	継続記録法	22
株主集合体説	110	継続性の原則	24
為替差損益	63, 64	欠損金	111, 135, 137
為替予約	64	減価償却	6, 83, 113
監査法人	29	減価償却の財務的効果	86
監査報告書	29	原価配分の原則	83
完全親会社	122, 123	減資	120
完全子会社	122	減損	87, 88
間接金融	27	現物出資	134
関連会社	70	工事完成基準	94, 95
期間利益	41	工事進行基準	94, 95, 116
逆粉飾	29	公認会計士	29
キャッシュ・フロー	43	後発事象	32
キャッシュ・フロー計算書	42, 44	子会社	70
吸収合併	67, 121	国際会計基準（IAS）	145
吸収分割	125	国際会計基準委員会（IASC）	145
企業会計原則	29	国際財務報告基準（IFRS）	145
共通支配下の取引	67, 68, 122, 123	固定資産	34, 82, 112
共同支配企業	68	固定資産の流動化	86
金融商品	62	固定負債	35
金融商品取引法	28	個別的耐用年数	83, 85
偶発債務	32	個別注記表	98
繰越利益剰余金	122, 123	個別法	23
繰延項目	93	コーポレート・ガバナンス	14
繰延資産	34, 114	コール・オプション	58, 59
繰延税金資産	25		

〔さ行〕

債権者保護	17, 100
債券の格付け	47, 48
債権放棄	128, 133
財産目録	5, 14, 132, 136, 140, 143
財政状態	32
財政状態計算書	146, 147
最低資本金制度	17
財務諸表	28
債務超過	129, 136, 141
債務の株式化(デット・エクイティー・スワップ;DES)	133, 137
債務不履行(デフォルト)	47
債務免除益	133
先入先出法	23
先物取引	57
残存価額	83
時価評価(主義)	7
事業再生ADR	127
事業税	13, 25
事業報告	99
仕組み債	51
自己株式	50, 51
自己株式の消却	51
自己金融効果	87
自己資本比率	36
自己破産	2, 142
資産	5
資産除去債務	92
資産流動化法	51
GC注記	98
実現主義(原則)	94
実地調査(棚卸)	14, 20, 22
支配力基準	70
支払不能	44, 140
四半期財務諸表	29, 31
資本回転率	37
資本金	17, 45, 100, 101
資本準備金	100
資本剰余金	45
資本的借入金	129
資本的支出	82, 83
資本等取引	108
資本取引	35
資本取引・損益取引の区分の原則	35, 99
資本の欠損	106
資本の源泉別分類	35
社債	5, 47
収益	10, 115
収益還元法	66
収益的支出	82, 83
住民税	13, 25
重要性の原則	94
準備金	100, 102, 115, 120
取得原価(価格)	5
純資産	5, 12, 35
証券監督者国際機構(IOSCO)	145
少数株主持分	73
正味売却価額	87
剰余金	101, 102
剰余金の配当	104
賞与引当金	21, 25, 89
所得税	13
初年度特別償却	113
白色申告	15

さくいん 155

新株予約権	48, 49	棚卸減耗損	22, 82
新株予約権付社債	48	棚卸資産	34, 81, 112
真実性の原則	27	チャプター・イレブン	133
新設合併	124	通常清算	139
新設分割	124	注記	31, 98
ストック・オプション	49	中小企業再生支援協議会	129
税効果会計	25	中小企業の会計に関する指針	97
生産高比例法	84	直接金融	27
正常営業循環基準	33	通貨オプション	64
正規の簿記の原則	15	低価法	112
税引前当期純利益	26, 40, 107	ディスクロージャー制度	28
税務調整	108	定額法	84
整理回収機構	130	DIP 型	133
前期損益修正損益	20	定率法	84
全面時価評価法	74	適正意見	29
総資本利益率（ROI）	37	デリバティブ取引	57
増収増益	40	ドイツ倒産法	141
総平均法	23	投資家保護	28
創立費	18	当期業績主義	41
租税特別措置法	113, 115	当期純利益	41
その他資本剰余金	101	投資その他の資産	41
その他の包括利益	76, 77	投資有価証券	34
その他有価証券	56	特定目的会社（SPC）	51
その他利益剰余金	101	特別償却	113
損益計算書	11	特別清算	130, 139
損益取引	35	特別損益	40
損金	108, 109		

〔た行〕

〔な行〕

貸借対照表	12, 32	2 計算書方式	76, 77
退職給付引当金	90, 91	任意積立金	119
第二会社方式	130	延払基準	115
耐用年数	83	のれん	65, 73
棚卸計算法	23		

〔は行〕

ファイナンス・リース取引	68
売価還元法	24
買収	65
パーチェス法	67
払込資本	45, 99, 105
販売基準	94
販売費及び一般管理費	39
1株あたりの純資産額	37
1株あたりの当期純利益	42
引当金	7, 89
BIS規制	36
費用	10
評価性引当金	89
費用収益対応の原則	89
評価・換算差額等	35
非連結子会社	70, 71
複式簿記	15
負債	5
附属明細書	99
附属明細表	31
負債性引当金	89
普通株式	45
普通社債	47
プット・オプション	60, 61
不適正意見	29
分割剰余金	125
分配可能額	104, 105
粉飾決算	29
ヘッジ会計	62
返品調整引当金	89, 115
包括主義	41, 76
包括利益	41, 76
包括利益計算書	146, 148
法人税	25
法人税等調整額	26
法人擬制説	110
法人実在説	110
簿外資産（負債）	94
保守主義	92

〔ま行〕

マネージメント・バイアウト（MBO）	66
見越項目	93
未実現利益	75, 111
民事再生法	131, 132
無形固定資産	34, 65
無限責任	26
持株会社	123
持分変動計算書	146, 152
持分プーリング法	68
持分法	70, 71

〔や行〕

有価証券	28, 55, 57
有価証券報告書	28, 29
有形固定資産	33, 34
優先株式	46
有限責任	17, 26

〔ら行〕

リース取引	68
利益剰余金	33, 35
利益準備金	100
流動・固定の区分	33
流動性配列法	35

流動比率	35	連結キャッシュ・フロー計算書	30
流動負債	36	連結財務諸表	30
留保利益	35	連結損益計算書	74
臨時損益	40	連結貸借対照表	72, 73
劣後株式	46	連結配当規制適用会社	106
劣後債	51	連単比率	76
劣後債務化(デット・デット・スワップ;DDS)	135	ローマン・ルフチ効果	87

〔わ行〕

レバレッジド・バイアウト(LBO)	66
割増償却	113

著者略歴

1978年　一橋大学大学院商学研究科博士課程単位取得
　　　　福島大学経済学部専任講師・助教授及び日本大学助教授を経て，
1988年　日本大学教授，一橋大学博士（商学）
1999年〜2001年　税理士試験委員
2002年　国税庁税務大学校講師（現在に至る）
2005年　財団法人産業経理協会評議員（現在に至る）
2008年　日本金属工業株式会社（社外）監査役
2011年　株式会社モスフードサービス（社外）監査役

著　書

『静的貸借対照表論』森山書店，1989年
『静的貸借対照表論の展開』森山書店，1993年
『静的貸借対照表論の研究』森山書店，1996年
　（日本会計研究学会太田・黒澤賞受賞）
『基礎 財務会計』森山書店，1997年（第14版，2011年）
『演習 財務会計』森山書店，1998年（第6版，2010年）
『現代静的会計論』森山書店，1999年
『現代財産目録論』森山書店，2002年
『会計理論と商法・倒産法』森山書店，2005年
『資本会計制度論』森山書店，2008年

家計簿と会社の会計―会社ライフサイクル会計―

2012年5月10日初版第1刷発行

著　者　ⓒ　五十嵐　邦　正

発行者　　　菅　田　直　文

発行所　株式会社　森山書店　〒101-0054　東京都千代田区神田錦町1-10林ビル

TEL 03-3293-7061　FAX 03-3293-7063　振替口座00180-9-32919

落丁・乱丁はお取りかえします　　　　　　　　　　印刷／製本・シナノ

　　　本書の内容の一部あるいは全部を無断で複写複製する
　　　ことは、著作権および出版社の権利の侵害となります
　　　ので，その場合は予め小社あて許諾を求めてください。

ISBN 978-4-8394-2120-5